대한민국 법령 시리즈 391

공항시설법

법령
시행령
시행규칙

해광출판사

머리말

이 책은 방대한 법전을 보지 않고 간편하게 해당되는 법령만 참고해서 볼 수 있도록 하였습니다. 공공기관이나 관련 종사자들이 쉽고 간편하게 해당 법령을 참조 할 수 있도록 하였습니다.

특히 해당법률은 물론 관련 시행령, 시행규칙을 함께 실어 관련법을 서로 참고할 수 있게 하였습니다.

법률이라는 것이 크든 작든 항상 변하는 관계로, 출간 이후의 정확하고 최신의 법률은 법제처 국가법령정보센터에서 확인이 가능하니 법률의 실제 적용 시 확인이 필요한 점 유의하기를 바랍니다.

편집부

* 수록 법률은 법제처 국가법령정보센터에서 확인 가능합니다.
* 발행일 기준 시행 법률이므로 최신 법령은 위 센터에서 볼 수 있습니다.
* 본 책자에 수록된 법률의 문구에 대하여 법적인 효력은 없으며,
  실제 적용 법률은 위 센터에서 최신의 법률로 확인하시기 바랍니다.
* 해당 법령과 함께 시행령, 시행규칙도 수록되어 있습니다.
* 발행일 기준으로 개정 예정 법률은 밑줄로 별도 표시되어 있으며,
  보다 정확한 것은 법제처에서 확인하기 바랍니다.

목차

공항시설법

[시행 2025. 8. 26.] [법률 제21037호, 2025. 8. 26., 일부개정]

**개정 예정 법률 밑줄 별도 표시.

공항시설법

[시행 2025. 8. 26.] [법률 제21037호, 2025. 8. 26., 일부개정]

제1장 총칙

제1조(목적) 이 법은 공항·비행장 및 항행안전시설의 설치 및 운영 등에 관한 사항을 정함으로써 항공산업의 발전과 공공복리의 증진에 이바지함을 목적으로 한다.

제2조(정의) 이 법에서 사용하는 용어의 뜻은 다음과 같다. 〈개정 2024. 2. 13.〉

1. "항공기"란 「항공안전법」 제2조제1호에 따른 항공기를 말한다.
2. "비행장"이란 항공기·경량항공기·초경량비행장치의 이륙[이수(離水)를 포함한다. 이하 같다]과 착륙[착수(着水)를 포함한다. 이하 같다]을 위하여 사용되는 육지 또는 수면(水面)의 일정한 구역으로서 대통령령으로 정하는 것을 말한다.
3. "공항"이란 공항시설을 갖춘 공공용 비행장으로서 국토교통부장관이 그 명칭·위치 및 구역을 지정·고시한 것을 말한다.
4. "공항구역"이란 공항으로 사용되고 있는 지역과 공항·비행장개발예정지역 중 「국토의 계획 및 이용에 관한 법률」 제30조 및 제43조에 따라 도시·군계획시설로 결정되어 국토교통부장관이 고시한 지역을 말한다.
5. "비행장구역"이란 비행장으로 사용되고 있는 지역과 공항·비행장개발예정지역 중 「국토의 계획 및 이용에 관한 법률」 제30조

및 제43조에 따라 도시·군계획시설로 결정되어 국토교통부장관이 고시한 지역을 말한다.

6. "공항·비행장개발예정지역"이란 공항 또는 비행장 개발사업을 목적으로 제4조에 따라 국토교통부장관이 공항 또는 비행장의 개발에 관한 기본계획으로 고시한 지역을 말한다.

7. "공항시설"이란 공항구역에 있는 시설과 공항구역 밖에 있는 시설 중 대통령령으로 정하는 시설로서 국토교통부장관이 지정한 다음 각 목의 시설을 말한다.

가. 항공기의 이륙·착륙 및 항행을 위한 시설과 그 부대시설 및 지원시설

나. 항공 여객 및 화물의 운송을 위한 시설과 그 부대시설 및 지원시설

8. "비행장시설"이란 비행장에 설치된 항공기의 이륙·착륙을 위한 시설과 그 부대시설로서 국토교통부장관이 지정한 시설을 말한다.

9. "공항개발사업"이란 이 법에 따라 시행하는 다음 각 목의 사업을 말한다.

가. 공항시설의 신설·증설·정비 또는 개량에 관한 사업

나. 공항개발에 따라 필요한 접근교통수단 및 항만시설 등 기반시설의 건설에 관한 사업

다. 공항이용객 및 항공과 관련된 업무종사자를 위한 사업 등 대통령령으로 정하는 사업

10. "비행장개발사업"이란 이 법에 따라 시행하는 다음 각 목의 사업을 말한다.

가. 비행장시설의 신설·증설·정비 또는 개량에 관한 사업

나. 비행장개발에 따라 필요한 접근교통수단 등 기반시설의 건설에 관한 사업

11. "공항운영자"란 「항공사업법」 제2조제34호에 따른 공항운영

자를 말한다.

11의2. "항공관련업무 수행단체"란 「항공보안법」 제12조에 따른 공항시설 보호구역(이하 "보호구역"이라 한다)에서 공항시설의 유지·보수, 항공기에 대한 정비·급유, 항공화물 또는 수하물의 하역 등 대통령령으로 정하는 항공 관련 업무를 수행하는 다음 각 목의 법인, 기관 또는 단체를 말한다.

가. 공항운영자

나. 「항공사업법」 제2조제8호, 제18호 및 제20호에 따른 항공운송사업자, 항공기정비업자 및 항공기취급업자

다. 「항공보안법」 제2조제6호에 따른 공항상주업체

라. 그 밖에 대통령령으로 정하는 법인, 기관 또는 단체

11의3. "지상안전사고"란 보호구역에서 항공관련업무 수행단체가 수행하는 업무와 관련하여 사람, 차량 또는 장비로 인하여 인적 또는 물적 피해가 발생한 사고를 말한다. 다만, 「항공안전법」 제2조제6호, 제9호 및 제10호에 따른 항공기사고, 항공기준사고 및 항공안전장애는 제외한다.

12. "활주로"란 항공기 착륙과 이륙을 위하여 국토교통부령으로 정하는 크기로 이루어지는 공항 또는 비행장에 설정된 구역을 말한다.

13. "착륙대"(着陸帶)란 활주로와 항공기가 활주로를 이탈하는 경우 항공기와 탑승자의 피해를 줄이기 위하여 활주로 주변에 설치하는 안전지대로서 국토교통부령으로 정하는 크기로 이루어지는 활주로 중심선에 중심을 두는 직사각형의 지표면 또는 수면을 말한다.

14. "장애물 제한표면"이란 항공기의 안전운항을 위하여 공항 또는 비행장 주변에 장애물(항공기의 안전운항을 방해하는 지형·지물 등을 말한다)의 설치 등이 제한되는 표면으로서 대통령령으로 정하는 구역을 말한다.

15. "항행안전시설"이란 유선통신, 무선통신, 인공위성, 불빛, 색

채 또는 전파(電波)를 이용하여 항공기의 항행을 돕기 위한 시설로서 국토교통부령으로 정하는 시설을 말한다.

16. "항공등화"란 불빛, 색채 또는 형상(形象)을 이용하여 항공기의 항행을 돕기 위한 항행안전시설로서 국토교통부령으로 정하는 시설을 말한다.

17. "항행안전무선시설"이란 전파를 이용하여 항공기의 항행을 돕기 위한 시설로서 국토교통부령으로 정하는 시설을 말한다.

18. "항공정보통신시설"이란 전기통신을 이용하여 항공교통업무에 필요한 정보를 제공·교환하기 위한 시설로서 국토교통부령으로 정하는 시설을 말한다.

19. "이착륙장"이란 비행장 외에 경량항공기 또는 초경량비행장치의 이륙 또는 착륙을 위하여 사용되는 육지 또는 수면의 일정한 구역으로서 대통령령으로 정하는 것을 말한다.

20. "항공학적 검토"란 항공안전과 관련하여 시계비행 및 계기비행절차 등에 대한 위험을 확인하고 수용할 수 있는 안전수준을 유지하면서도 그 위험을 제거하거나 줄이는 방법을 찾기 위하여 계획된 검토 및 평가를 말한다.

제2조(정의) 이 법에서 사용하는 용어의 뜻은 다음과 같다. 〈개정 2024. 2. 13., 2025. 8. 26.〉

1. "항공기"란 「항공안전법」 제2조제1호에 따른 항공기를 말한다.

2. "비행장"이란 항공기·경량항공기·초경량비행장치의 이륙[이수(離水)를 포함한다. 이하 같다]과 착륙[착수(着水)를 포함한다. 이하 같다]을 위하여 사용되는 육지 또는 수면(水面)의 일정한 구역으로서 대통령령으로 정하는 것을 말한다.

3. "공항"이란 공항시설을 갖춘 공공용 비행장으로서 국토교통부장관이 그 명칭·위치 및 구역을 지정·고시한 것을 말한다.

4. "공항구역"이란 공항으로 사용되고 있는 지역과 공항·비행장

개발예정지역 중 「국토의 계획 및 이용에 관한 법률」 제30조 및 제43조에 따라 도시·군계획시설로 결정되어 국토교통부장관이 고시한 지역을 말한다.

5. "비행장구역"이란 비행장으로 사용되고 있는 지역과 공항·비행장개발예정지역 중 「국토의 계획 및 이용에 관한 법률」 제30조 및 제43조에 따라 도시·군계획시설로 결정되어 국토교통부장관이 고시한 지역을 말한다.

6. "공항·비행장개발예정지역"이란 공항 또는 비행장 개발사업을 목적으로 제4조에 따라 국토교통부장관이 공항 또는 비행장의 개발에 관한 기본계획으로 고시한 지역을 말한다.

7. "공항시설"이란 공항구역에 있는 시설과 공항구역 밖에 있는 시설 중 대통령령으로 정하는 시설로서 국토교통부장관이 지정한 다음 각 목의 시설을 말한다.

가. 항공기의 이륙·착륙 및 항행을 위한 시설과 그 부대시설 및 지원시설

나. 항공 여객 및 화물의 운송을 위한 시설과 그 부대시설 및 지원시설

다. 항공기와 조류(鳥類)의 충돌(이하 "조류충돌"이라 한다)을 예방하기 위한 시설과 그 부대시설 및 지원시설

8. "비행장시설"이란 비행장에 설치된 항공기의 이륙·착륙을 위한 시설과 그 부대시설로서 국토교통부장관이 지정한 시설을 말한다.

9. "공항개발사업"이란 이 법에 따라 시행하는 다음 각 목의 사업을 말한다.

가. 공항시설의 신설·증설·정비 또는 개량에 관한 사업

나. 공항개발에 따라 필요한 접근교통수단 및 항만시설 등 기반시설의 건설에 관한 사업

다. 공항이용객 및 항공과 관련된 업무종사자를 위한 사업 등

대통령령으로 정하는 사업

10. "비행장개발사업"이란 이 법에 따라 시행하는 다음 각 목의 사업을 말한다.

가. 비행장시설의 신설ㆍ증설ㆍ정비 또는 개량에 관한 사업

나. 비행장개발에 따라 필요한 접근교통수단 등 기반시설의 건설에 관한 사업

11. "공항운영자"란 「항공사업법」 제2조제34호에 따른 공항운영자를 말한다.

11의2. "항공관련업무 수행단체"란 「항공보안법」 제12조에 따른 공항시설 보호구역(이하 "보호구역"이라 한다)에서 공항시설의 유지ㆍ보수, 항공기에 대한 정비ㆍ급유, 항공화물 또는 수하물의 하역 등 대통령령으로 정하는 항공 관련 업무를 수행하는 다음 각 목의 법인, 기관 또는 단체를 말한다.

가. 공항운영자

나. 「항공사업법」 제2조제8호에 따른 항공운송사업자(이하 "항공운송사업자"라 한다), 같은 조 제18호 및 제20호에 따른 항공기정비업자 및 항공기취급업자

다. 「항공보안법」 제2조제6호에 따른 공항상주업체

라. 그 밖에 대통령령으로 정하는 법인, 기관 또는 단체

11의3. "지상안전사고"란 보호구역에서 항공관련업무 수행단체가 수행하는 업무와 관련하여 사람, 차량 또는 장비로 인하여 인적 또는 물적 피해가 발생한 사고를 말한다. 다만, 「항공안전법」 제2조제6호, 제9호 및 제10호에 따른 항공기사고, 항공기준사고 및 항공안전장애는 제외한다.

12. "활주로"란 항공기 착륙과 이륙을 위하여 국토교통부령으로 정하는 크기로 이루어지는 공항 또는 비행장에 설정된 구역을 말한다.

13. "착륙대"(着陸帶)란 활주로와 항공기가 활주로를 이탈하는 경

우 항공기와 탑승자의 피해를 줄이기 위하여 활주로 주변에 설치하는 안전지대로서 국토교통부령으로 정하는 크기로 이루어지는 활주로 중심선에 중심을 두는 직사각형의 지표면 또는 수면을 말한다.

14. “장애물 제한표면”이란 항공기의 안전운항을 위하여 공항 또는 비행장 주변에 장애물(항공기의 안전운항을 방해하는 지형·지물 등을 말한다)의 설치 등이 제한되는 표면으로서 대통령령으로 정하는 구역을 말한다.

15. “항행안전시설”이란 유선통신, 무선통신, 인공위성, 불빛, 색채 또는 전파(電波)를 이용하여 항공기의 항행을 돕기 위한 시설로서 국토교통부령으로 정하는 시설을 말한다.

16. “항공등화”란 불빛, 색채 또는 형상(形象)을 이용하여 항공기의 항행을 돕기 위한 항행안전시설로서 국토교통부령으로 정하는 시설을 말한다.

17. “항행안전무선시설”이란 전파를 이용하여 항공기의 항행을 돕기 위한 시설로서 국토교통부령으로 정하는 시설을 말한다.

18. “항공정보통신시설”이란 전기통신을 이용하여 항공교통업무에 필요한 정보를 제공·교환하기 위한 시설로서 국토교통부령으로 정하는 시설을 말한다.

19. “이착륙장”이란 비행장 외에 경량항공기 또는 초경량비행장치의 이륙 또는 착륙을 위하여 사용되는 육지 또는 수면의 일정한 구역으로서 대통령령으로 정하는 것을 말한다.

20. “항공학적 검토”란 항공안전과 관련하여 시계비행 및 계기비행절차 등에 대한 위험을 확인하고 수용할 수 있는 안전수준을 유지하면서도 그 위험을 제거하거나 줄이는 방법을 찾기 위하여 계획된 검토 및 평가를 말한다.

[시행일: 2026. 2. 27.] 제2조

제2장 공항 및 비행장의 개발

제3조(공항개발 종합계획의 수립) ① 국토교통부장관은 공항개발사업을 체계적이고 효율적으로 추진하기 위하여 5년마다 다음 각 호의 사항이 포함된 공항개발 종합계획(이하 "종합계획"이라 한다)을 수립하여야 한다.

1. 항공 수요의 전망
2. 권역별 공항 또는 국가의 재정지원 규모가 300억원 이상의 범위에서 대통령령으로 정하는 규모 이상의 비행장개발 등에 관한 계획
3. 투자 소요 및 재원조달방안
4. 그 밖에 공항 및 비행장 개발과 운영 등에 관한 사항

② 종합계획은 「항공사업법」 제3조에 따른 항공정책기본계획, 「국가통합교통체계효율화법」 제4조 및 제6조에 따른 국가기간교통망계획 및 중기 교통시설투자계획과 조화를 이루도록 수립하여야 한다.

③ 국토교통부장관은 종합계획 내용 중 공항개발 계획의 변경 등 대통령령으로 정하는 중요한 사항을 변경하려면 대통령령으로 정하는 바에 따라 종합계획을 변경하여야 한다.

④ 국토교통부장관은 종합계획을 수립하거나 제3항에 따라 종합계획을 변경(이하 이 조에서 "변경"이라 한다)하려는 경우에는 관할 지방자치단체의 장의 의견을 들은 후 관계 중앙행정기관의 장과 협의하여야 한다.

⑤ 국토교통부장관은 관계 행정기관의 장에게 종합계획의 수립 또는 변경에 필요한 자료를 요구할 수 있다. 이 경우 요구를 받은 관계 행정기관의 장은 정당한 사유가 없으면 협조하여야 한다.

⑥ 국토교통부장관은 종합계획을 수립하거나 변경하려는 경우에는 「항공사업법」 제4조에 따른 항공정책위원회의 심의를 거쳐야 한다.

⑦ 국토교통부장관은 종합계획을 수립하거나 변경하였을 때에는 대통령령으로 정하는 바에 따라 그 내용을 고시하여야 한다.

제4조(공항개발 기본계획의 수립) ① 국토교통부장관은 공항 또는 비행장을 개발하려면 공항 또는 비행장의 개발에 관한 기본계획(이하 "기본계획"이라 한다)을 수립하여야 한다. 다만, 공항시설 또는 비행장시설의 개량에 관한 사업 등 대통령령으로 정하는 경미한 개발사업의 경우에는 기본계획을 수립하지 아니할 수 있다.

② 국토교통부장관은 기본계획을 수립하거나 제4항에 따라 기본계획을 변경할 때에는 항공기의 안전운항을 방해할 수 있는 공항 또는 비행장 주변의 장애물(관계 법령에 따라 행위허가를 받았거나 허가를 받을 필요가 없는 건축물 또는 구조물로서 그 공사에 착수한 건축물 또는 구조물을 포함한다)에 대하여 국토교통부령으로 정하는 바에 따라 항공기의 안전운항에 지장이 없도록 제거 여부를 검토하여야 한다. 〈신설 2023. 4. 18.〉

③ 기본계획에는 다음 각 호의 사항이 포함되어야 한다. 〈개정 2023. 4. 18.〉

1. 공항 또는 비행장의 현황 분석

2. 공항 또는 비행장의 수요전망

3. 공항·비행장개발예정지역 및 장애물 제한표면

3의2. 존치장애물(장애물 제한표면 높이 이상의 장애물 중 제2항에 따른 검토 결과 제거하지 아니하는 것으로 결정된 장애물을 말한다. 이하 같다) 현황

4. 공항 또는 비행장의 규모 및 배치

5. 건설 및 운영계획

6. 재원조달계획

7. 환경관리계획

8. 그 밖에 공항 또는 비행장 개발 및 운영 등에 필요한 사항

④ 국토교통부장관은 기본계획 내용 중 새로운 활주로의 건설 등 대통령령으로 정하는 중요한 사항을 변경하려면 대통령령으로 정하

는 바에 따라 기본계획을 변경하여야 한다. 〈개정 2023. 4. 18.〉

⑤ 기본계획의 수립 또는 제4항에 따른 기본계획의 변경에 관하여는 제3조제4항부터 제6항까지의 규정을 준용한다. 이 경우 "종합계획"은 "기본계획"으로 본다. 〈개정 2023. 4. 18.〉

⑥ 국토교통부장관은 기본계획을 수립하거나 제4항에 따라 기본계획을 변경하였을 때에는 대통령령으로 정하는 바에 따라 그 내용을 고시하여야 한다. 이 경우 지형도면의 고시에 관하여는 「토지이용규제 기본법」 제8조에 따른다. 〈개정 2023. 4. 18.〉

⑦ 국토교통부장관은 제6항에 따라 기본계획을 고시(변경 고시를 포함한다. 이하 같다)한 경우에는 그 기본계획을 관계 특별시장·광역시장·도지사(이하 "시·도지사"라 한다)·특별자치시장·특별자치도지사에게 송부하여 14일 이상 일반인에게 공람시켜야 한다. 〈개정 2023. 4. 18.〉

제5조(공항개발기술심의위원회) ① 국토교통부장관은 공항개발사업 또는 비행장개발사업(이하 "개발사업"이라 한다)에 따른 건설기술·교통영향 등에 관한 중요 사항을 심의하기 위하여 필요한 경우 공항개발기술심의위원회(이하 "기술심의위원회"라 한다)를 구성·운영할 수 있다. 〈개정 2024. 1. 9.〉

② 기술심의위원회는 위원장을 포함한 100명 이내의 위원으로 구성하며, 다음 각 호의 어느 하나에 해당하는 사람 중에서 국토교통부장관이 임명 또는 위촉한다.

1. 개발사업 업무와 관련된 5급 이상 공무원
2. 「공공기관의 운영에 관한 법률」에 따른 공공기관의 임원
3. 공항·건축·토목·소방·환경 등에 관하여 전문적 학식과 경험이 풍부한 사람

③ 기술심의위원회의 위원장은 기술심의위원회의 심의를 효율적으로 수행하고, 기술심의위원회에서 위임한 사항을 심의하기 위하여

필요한 경우에는 분야별 소위원회를 구성·운영할 수 있다.

④ 제3항에 따른 분야별 소위원회의 심의를 받은 경우 기술심의위원회의 심의를 받은 것으로 본다.

⑤ 국토교통부장관은 기술심의위원회의 구성 목적을 달성하였다고 인정하는 경우에는 기술심의위원회를 해산할 수 있다. 〈신설 2024. 1. 9.〉

⑥ 기술심의위원회 및 소위원회의 구성·기능 및 운영 등에 필요한 사항은 대통령령으로 정한다. 〈개정 2024. 1. 9.〉

제6조(개발사업의 시행자) ① 개발사업은 국토교통부장관이 시행한다.

② 국토교통부장관 외의 자가 개발사업을 시행하려면 국토교통부령으로 정하는 바에 따라 국토교통부장관의 허가를 받아야 한다. 다만, 시설의 개량 등에 관한 개발사업 중 일상적인 유지·보수사업 등 국토교통부령으로 정하는 경미한 개발사업은 국토교통부장관의 허가 없이 시행할 수 있다.

③ 제2항에 따른 허가의 기준은 다음 각 호와 같다.

1. 개발사업의 목적 및 내용이 종합계획 및 기본계획과 조화를 이룰 것

2. 해당 개발사업을 적절하게 수행하는 데 필요한 재무능력 및 기술능력이 있을 것

④ 국토교통부장관은 제2항에 따른 허가를 할 때 해당 개발사업과 관계된 토지 및 시설(공항의 유지·보수를 위한 시설, 공항이용객 편의시설 등 대통령령으로 정하는 시설은 제외한다)을 국가에 귀속시킬 것을 조건으로 하거나 그 개발사업으로 인하여 부수적으로 필요하게 되는 도로 및 상하수도 등의 기반시설 설치에 드는 비용을 그 개발사업의 시행자가 부담할 것을 조건으로 허가할 수 있다.

제7조(실시계획의 수립·승인 등) ① 제6조에 따른 개발사업의 시행자(이하 "사업시행자"라 한다)는 대통령령으로 정하는 바에 따라 개

발사업을 시작하기 전에 개발사업에 관한 실시계획(이하 "실시계획"이라 한다)을 수립하여야 한다.

② 실시계획에는 다음 각 호의 사항이 포함되어야 한다.

1. 사업시행에 필요한 설계도서
2. 자금조달계획
3. 개발사업 시행기간
4. 그 밖에 국토교통부령으로 정하는 사항

③ 국토교통부장관 외의 사업시행자가 실시계획을 수립한 경우에는 국토교통부장관의 승인을 받아야 한다. 승인받은 사항을 변경하려는 경우에도 또한 같다.

④ 국토교통부장관 외의 사업시행자는 제3항 후단에도 불구하고 구조의 변경을 수반하지 아니하고 안전에 지장이 없는 시설물의 변경 등 국토교통부령으로 정하는 경미한 사항의 변경은 제20조에 따라 준공확인을 신청할 때 한꺼번에 신고할 수 있다.

⑤ 국토교통부장관은 제8조제1항제1호 · 제2호(「건축법」 제4조에 따른 건축위원회의 심의만 해당한다) 또는 제12호의 사항이 포함되어 있는 실시계획을 수립하거나 제3항에 따라 실시계획을 승인하려면 미리 기술심의위원회의 심의를 거쳐야 한다.

⑥ 국토교통부장관은 실시계획을 수립 또는 변경하였거나 제3항에 따라 실시계획을 승인 또는 변경승인하였을 때에는 국토교통부령으로 정하는 바에 따라 그 내용을 고시하여야 한다. 다만, 제4항에 따른 경미한 사항의 변경 등 국토교통부령으로 정하는 경미한 개발사업에 대해서는 고시를 생략할 수 있다.

⑦ 국토교통부장관은 제6항에 따라 고시한 경우에는 관계 서류의 사본을 관할 특별자치시장 · 특별자치도지사 · 시장 · 군수 및 자치구의 구청장(이하 "시장 · 군수 · 구청장"이라 한다)에게 보내야 한다.

⑧ 제7항에 따라 관계 서류의 사본을 받은 시장 · 군수 · 구청장은

관계 서류에 「국토의 계획 및 이용에 관한 법률」 제2조제4호의 도시·군관리계획의 결정 사항이 포함되어 있는 경우에는 같은 법 제32조에 따라 지형도면의 승인신청 등 필요한 조치를 하여야 한다. 이 경우 사업시행자는 지형도면의 고시 등에 필요한 서류를 시장·군수·구청장에게 제출하여야 한다.

⑨ 국토교통부장관은 제12조제1항에 따른 토지등의 수용이 필요한 실시계획을 수립하거나 승인한 경우에는 사업시행자의 명칭 및 사업의 종류와 수용할 토지등의 세목(細目)을 고시하고, 그 토지등의 소유자 및 권리자에게 그 사실을 알려야 한다. 실시계획이 변경되어 수용할 토지등의 세목이 변경된 경우에도 또한 같다.

제8조(인·허가등의 의제 등) ① 국토교통부장관이 제7조제1항 및 제3항에 따라 실시계획을 수립하거나 승인하였을 때에는 다음 각 호의 승인·허가·인가·결정·지정·면허·협의·동의·심의 또는 해제 등(이하 "인·허가등"이라 한다)에 관하여 인·허가등의 관계 행정기관의 장과 미리 협의한 사항에 대해서는 해당 인·허가등을 받은 것으로 보고, 국토교통부장관이 제7조제6항에 따라 실시계획의 고시 또는 실시계획의 승인을 고시하였을 때에는 다음 각 호의 법률에 따른 인·허가등의 고시 또는 공고가 있는 것으로 본다. 〈개정 2017. 1. 17., 2017. 10. 31., 2020. 1. 29., 2021. 11. 30., 2022. 6. 10., 2022. 12. 27., 2024. 1. 9.〉

1. 「건설기술 진흥법」 제5조에 따른 건설기술심의위원회의 심의

2. 「건축법」 제4조에 따른 건축위원회의 심의, 같은 법 제11조에 따른 건축허가, 같은 법 제14조에 따른 건축신고, 같은 법 제19조에 따른 용도변경 허가 및 신고, 같은 법 제20조제1항에 따른 가설건축물의 건축허가 및 같은 조 제3항에 따른 신고, 같은 법 제29조에 따른 건축허가권자와의 협의

3. 「경제자유구역의 지정 및 운영에 관한 특별법」 제9조에 따른

실시계획의 승인

4. 「골재채취법」 제22조에 따른 골재채취의 허가

5. 「공유수면 관리 및 매립에 관한 법률」 제8조에 따른 공유수면의 점용·사용 허가 및 점용·사용 허가의 고시, 같은 법 제17조에 따른 공유수면 점용·사용 실시계획의 승인 또는 신고, 같은 법 제28조에 따른 공유수면의 매립면허, 같은 법 제33조에 따른 매립면허의 고시, 같은 법 제35조에 따른 매립면허관청과의 협의 또는 매립면허관청의 승인 및 같은 법 제38조에 따른 공유수면매립실시계획의 승인

6. 「국토의 계획 및 이용에 관한 법률」 제30조에 따른 도시·군관리계획의 결정, 같은 법 제56조에 따른 개발행위의 허가, 같은 법 제86조에 따른 도시·군계획시설사업 시행자의 지정, 같은 법 제88조에 따른 실시계획의 인가 및 같은 법 제91조에 따른 실시계획의 고시

7. 「군사기지 및 군사시설 보호법」 제13조에 따른 행정기관의 허가 등에 관한 협의

8. 「농지법」 제34조에 따른 농지전용의 허가 또는 협의

9. 「대기환경보전법」 제23조, 「물환경보전법」 제33조 및 「소음·진동관리법」 제8조에 따른 배출시설 설치의 허가 또는 신고

10. 「도로법」 제107조에 따른 도로관리청과의 협의 또는 승인(같은 법 제19조에 따른 도로 노선의 지정·고시, 같은 법 제25조에 따른 도로구역의 결정, 같은 법 제36조에 따른 도로관리청이 아닌 자에 대한 도로공사의 시행허가, 같은 법 제61조제1항에 따른 도로의 점용 허가에 관한 것만 해당한다)

11. 「도시공원 및 녹지 등에 관한 법률」 제24조에 따른 도시공원의 점용허가

12. 「도시교통정비 촉진법」 제16조에 따른 교통영향평가서의 제

출 및 검토

13. 「도시철도법」 제7조제1항에 따른 도시철도사업계획의 승인 및 같은 법 제26조제1항에 따른 도시철도운송사업의 면허

14. 「사방사업법」 제14조에 따른 사방지(砂防地)에서의 벌채 등의 허가 및 같은 법 제20조에 따른 사방지 지정의 해제

15. 「산림자원의 조성 및 관리에 관한 법률」 제36조제1항 · 제5항에 따른 입목의 벌채 등의 허가 · 신고

16. 「산업입지 및 개발에 관한 법률」 제16조에 따른 산업단지개발사업의 시행자 지정 및 같은 법 제17조에 따른 국가산업단지개발 실시계획의 승인

17. 「산업집적활성화 및 공장설립에 관한 법률」 제13조에 따른 공장설립 등의 승인 및 신고

18. 「산지관리법」 제14조에 따른 산지전용허가 및 같은 법 제15조에 따른 산지전용신고

19. 「소방시설공사업법」 제13조제1항에 따른 소방시설공사의 신고

20. 「소방시설 설치 및 관리에 관한 법률」 제6조제1항에 따른 건축허가 등의 동의

21. 「수도법」 제17조제1항에 따른 일반수도사업의 인가, 같은 법 제52조 및 제54조에 따른 전용상수도 및 전용공업용수도 설치의 인가

22. 「위험물안전관리법」 제6조제1항에 따른 제조소등의 설치허가

23. 「자연공원법」 제71조제1항에 따른 공원관리청과의 협의(같은 법 제23조에 따른 공원구역에서의 행위허가에 관한 것만 해당한다)

23의2. 「장사 등에 관한 법률」 제27조제1항에 따른 무연분묘의 개장허가

24. 「초지법」 제23조에 따른 초지전용(草地轉用)의 허가 및 신고

또는 협의

25. 「폐기물관리법」 제29조제2항에 따른 폐기물처리시설 설치의 승인 또는 신고

26. 「하수도법」 제16조에 따른 공공하수도 공사·유지의 허가, 같은 법 제24조에 따른 점용행위에 관한 점용허가 및 같은 법 제34조제2항에 따른 개인하수처리시설의 설치 등에 대한 신고

27. 「하천법」 제6조에 따른 하천관리청과의 협의 또는 승인(같은 법 제30조에 따른 하천공사 시행의 허가, 같은 법 제33조에 따른 하천의 점용허가 및 점용허가의 고시, 같은 법 제50조에 따른 하천수의 사용허가에 관한 것만 해당한다)

28. 「항로표지법」 제9조제6항, 제13조 또는 제14조에 따른 항로표지의 설치·관리의 허가 또는 신고

29. 「항만법」 제9조제2항에 따른 항만개발사업 시행의 허가 및 같은 법 제10조제2항에 따른 항만개발사업실시계획의 승인

② 국토교통부장관은 제7조제1항 또는 제3항에 따라 실시계획을 수립 또는 승인을 하려는 경우에는 그 실시계획에 제1항 각 호의 어느 하나에 해당하는 사항이 포함되어 있으면 그 실시계획이 제1항 각 호에 따른 법률에 적합한지에 관하여 미리 관계 행정기관의 장과 협의하여야 한다.

③ 제1항 및 제2항에서 규정한 사항 외에 인·허가등 의제의 기준 및 효과 등에 관하여는 「행정기본법」 제24조부터 제26조까지를 준용한다. 〈개정 2024. 1. 9.〉

제9조(국공유지의 처분제한 등) ① 제4조제6항에 따라 공항·비행장 개발예정지역으로 지정·고시된 지역 또는 제7조제6항에 따라 실시계획이 고시된 지역에 있는 국가 또는 지방자치단체 소유의 토지로서 개발사업에 필요한 토지는 그 개발사업 외의 목적으로 매각하거나 양도할 수 없다. 〈개정 2023. 4. 18.〉

② 제1항에 따른 공항·비행장개발예정지역으로 고시된 지역 또는 실시계획이 고시된 지역에 있는 국가 또는 지방자치단체 소유의 재산은 「국유재산법」, 「공유재산 및 물품 관리법」 및 그 밖의 다른 법령에도 불구하고 사업시행자에게 수의계약으로 매각하거나 양도할 수 있다. 이 경우 행정재산의 용도폐지 및 「국유재산법」 제40조제2항제1호에 따른 일반재산의 처분에 관하여는 국토교통부장관이 미리 관계 행정기관의 장과 협의하여야 한다.

③ 제2항에서 규정한 사항 외에 국유재산의 매각·양도에 관하여는 국토교통부장관이 미리 기획재정부장관과 협의하여야 한다.

④ 제2항 후단 또는 제3항에 따른 협의요청이 있을 때에는 관계 행정기관의 장 또는 기획재정부장관은 요청을 받은 날부터 30일 이내에 용도폐지 및 매각·양도 또는 그 밖에 필요한 조치를 하여야 한다.

⑤ 제2항에 따라 사업시행자에게 매각하거나 양도하려는 재산 중 관리청이 불분명한 재산에 대해서는 다른 법령의 규정에도 불구하고 기획재정부장관이 관리 또는 처분한다.

제9조(국공유지의 처분제한 등) ① 제4조제6항에 따라 공항·비행장개발예정지역으로 지정·고시된 지역 또는 제7조제6항에 따라 실시계획이 고시된 지역에 있는 국가 또는 지방자치단체 소유의 토지로서 개발사업에 필요한 토지는 그 개발사업 외의 목적으로 매각하거나 양도할 수 없다. 〈개정 2023. 4. 18.〉

② 제1항에 따른 공항·비행장개발예정지역으로 고시된 지역 또는 실시계획이 고시된 지역에 있는 국가 또는 지방자치단체 소유의 재산은 「국유재산법」, 「공유재산 및 물품 관리법」 및 그 밖의 다른 법령에도 불구하고 사업시행자에게 수의계약으로 매각하거나 양도할 수 있다. 이 경우 행정재산의 용도폐지 및 「국유재산법」 제40조제2항제1호에 따른 일반재산의 처분에 관하여는 국토교통부장관이 미

리 관계 행정기관의 장과 협의하여야 한다.

③ 제2항에서 규정한 사항 외에 국유재산의 매각ㆍ양도에 관하여는 국토교통부장관이 미리 재정경제부장관과 협의하여야 한다. 〈개정 2025. 10. 1.〉

④ 제2항 후단 또는 제3항에 따른 협의요청이 있을 때에는 관계 행정기관의 장 또는 재정경제부장관은 요청을 받은 날부터 30일 이내에 용도폐지 및 매각ㆍ양도 또는 그 밖에 필요한 조치를 하여야 한다. 〈개정 2025. 10. 1.〉

⑤ 제2항에 따라 사업시행자에게 매각하거나 양도하려는 재산 중 관리청이 불분명한 재산에 대해서는 다른 법령의 규정에도 불구하고 재정경제부장관이 관리 또는 처분한다. 〈개정 2025. 10. 1.〉

[시행일: 2026. 1. 2.] 제9조

제10조(행위 등의 제한) ① 제4조제6항에 따라 공항ㆍ비행장개발예정지역으로 지정ㆍ고시된 지역 또는 제7조제6항에 따라 실시계획이 고시된 지역에서 건축물의 건축, 인공구조물의 설치, 토지의 형질변경, 토석의 채취, 토지분할, 물건을 쌓아 놓는 행위 등 대통령령으로 정하는 행위를 하려는 자는 국토교통부장관, 해양수산부장관(「공유수면 관리 및 매립에 관한 법률」에 따라 해양수산부장관이 관리하는 공유수면에서의 행위에 대한 것으로 한정한다. 이하 이 조에서 같다) 또는 시장ㆍ군수ㆍ구청장의 허가를 받아야 한다. 허가받은 사항을 변경하려는 경우에도 또한 같다. 〈개정 2023. 4. 18.〉

② 제1항에도 불구하고 다음 각 호의 어느 하나에 해당하는 행위는 허가를 받지 아니하고 할 수 있다.

1. 재해복구 또는 재난수습에 필요한 응급조치를 위하여 하는 행위
2. 경작을 위한 토지의 형질변경 등 대통령령으로 정하는 행위

③ 제1항에 따라 허가를 받아야 하는 행위로서 공항ㆍ비행장개발예정지역 또는 실시계획의 고시 당시 이미 관계 법령에 따라 행위

허가를 받았거나 허가를 받을 필요가 없는 행위에 관하여 그 공사 또는 사업을 착수한 자는 대통령령으로 정하는 바에 따라 국토교통부장관 또는 시장·군수·구청장에게 신고한 후 이를 계속 시행할 수 있다.

④ 국토교통부장관, 해양수산부장관 또는 시장·군수·구청장은 제1항을 위반한 자에게 원상회복을 명할 수 있다. 이 경우 원상회복 명령을 받은 자가 그 의무를 이행하지 아니하면 국토교통부장관, 해양수산부장관 또는 시장·군수·구청장은 「행정대집행법」에 따라 대집행할 수 있다.

⑤ 제1항에 따른 허가의 절차 및 기준 등에 관하여는 이 법에서 정한 것을 제외하고는 「국토의 계획 및 이용에 관한 법률」 제57조부터 제60조까지 및 제62조를 준용한다.

⑥ 제1항에 따라 허가를 받은 경우에는 「국토의 계획 및 이용에 관한 법률」 제56조에 따라 개발행위의 허가를 받은 것으로 본다.

제11조(토지에 출입 및 사용 등) ① 사업시행자(비행장개발사업의 경우에는 국토교통부장관, 지방자치단체의 장 및 「공공기관의 운영에 관한 법률」 제4조에 따른 공공기관의 장으로 한정하며, 이하 이 조 및 제12조제1항에서 같다)는 개발사업을 위하여 필요한 경우에는 다음 각 호의 행위를 할 수 있다.

1. 타인의 토지에 출입하는 행위

2. 타인의 토지를 재료적치장(材料積置場), 통로 또는 임시도로로 일시적으로 사용하는 행위

3. 특히 필요한 경우 나무, 흙, 돌 또는 그 밖의 장애물을 변경하거나 제거하는 행위

② 제1항에 따른 행위의 방법 및 절차 등에 관하여는 「국토의 계획 및 이용에 관한 법률」 제130조제2항부터 제9항까지 및 제131조를 준용한다. 이 경우 "도시·군계획시설사업의 시행자"는 "사업시행

자"로 본다.

제12조(토지등의 수용) ① 사업시행자는 개발사업을 시행하기 위하여 필요한 경우에는 「공익사업을 위한 토지 등의 취득 및 보상에 관한 법률」 제3조에 따른 토지·물건 또는 권리(이하 "토지등"이라 한다)를 수용하거나 사용할 수 있다.

② 제7조에 따른 실시계획의 수립 또는 승인과 이에 관한 고시가 있을 때에는 「공익사업을 위한 토지 등의 취득 및 보상에 관한 법률」 제20조제1항 및 제22조에 따른 사업인정 및 사업인정의 고시가 있는 것으로 본다.

③ 토지등의 수용 또는 사용에 관한 재결(裁決)의 신청은 「공익사업을 위한 토지 등의 취득 및 보상에 관한 법률」 제23조 및 제28조제1항에도 불구하고 실시계획에서 정하는 개발사업의 시행기간 내에 할 수 있다.

④ 토지등의 수용 또는 사용에 관한 재결의 관할 토지수용위원회는 중앙토지수용위원회로 한다.

⑤ 토지등의 수용 또는 사용에 관하여는 이 법에 특별한 규정이 있는 것을 제외하고는 「공익사업을 위한 토지 등의 취득 및 보상에 관한 법률」을 준용한다.

제13조(토지매수업무 등의 위탁) ① 사업시행자는 개발사업을 위한 토지매수업무, 손실보상업무 및 이주대책사업 등을 대통령령으로 정하는 바에 따라 관할 지방자치단체의 장에게 위탁할 수 있다.

② 제1항에 따라 토지매수업무, 손실보상업무 및 이주대책사업 등을 위탁하는 경우의 위탁수수료 등에 관하여는 「공익사업을 위한 토지 등의 취득 및 보상에 관한 법률」에서 정하는 바에 따른다.

③ 개발사업을 위한 손실보상을 하는 경우 국토교통부장관이 한 처분이나 제한으로 인한 손실은 국가가 보상하여야 하고, 국토교통부장관 외의 자의 사업시행으로 인한 손실은 그 사업시행자가 보상

하거나 그 손실을 방지하기 위한 시설을 설치하여야 한다.

제14조(토지의 매수청구) ① 공항·비행장개발예정지역으로 고시됨에 따라 그 지역 안의 토지를 종래의 용도로 사용할 수 없어 그 효용이 현저하게 감소한 토지 또는 그 토지의 사용 및 수익이 사실상 불가능한 토지(이하 "매수대상토지"라 한다)의 소유자로서 다음 각 호의 어느 하나에 해당하는 자는 해당 사업시행자에게 그 토지의 매수를 청구할 수 있다.

1. 공항·비행장개발예정지역으로 고시될 당시부터 그 토지를 계속 소유한 자
2. 토지의 사용·수익이 불가능하게 되기 전에 그 토지를 취득하여 계속 소유한 자
3. 제1호 또는 제2호에 해당하는 자로부터 그 토지를 상속받아 계속 소유한 자

② 제1항에 따른 종래의 용도로 사용할 수 없어 그 효용이 현저하게 감소한 토지 또는 그 토지의 사용 및 수익이 사실상 불가능한 토지의 구체적인 판정기준은 대통령령으로 정한다.

제15조(매수청구의 절차 등) ① 사업시행자는 제14조제1항에 따라 토지의 매수청구를 받은 날부터 6개월 이내에 매수대상 여부 및 매수예상가격 등을 매수청구인에게 알려야 한다.

② 사업시행자는 제1항에 따라 매수대상토지로 통보를 한 토지에 대하여는 5년의 범위에서 대통령령으로 정하는 기간 이내에 매수계획을 수립하여 그 매수대상토지를 매수하여야 한다.

③ 매수대상토지의 매수가격(이하 "매수가격"이라 한다)은 매수청구 당시의 「부동산 가격공시에 관한 법률」에 따른 표준지공시지가를 기준으로 그 공시기준일부터 매수청구인에게 이를 지급하려는 날까지의 기간 동안 대통령령으로 정하는 지가변동률, 생산자물가상승률, 해당 토지의 위치·형상·환경 및 이용상황 등을 고려하여 평가

한 금액으로 한다.

④ 제1항부터 제3항까지에 따라 매수한 토지는 사업시행자가 국토교통부장관이면 국가에 귀속되고, 사업시행자가 국토교통부장관이 아니면 해당 사업시행자에게 귀속된다.

⑤ 제1항부터 제3항까지에 따라 토지를 매수하는 경우 매수가격의 산정방법, 매수절차, 그 밖에 필요한 사항은 대통령령으로 정한다.

제16조(비용의 부담) ① 사업시행자는 제15조제3항에 따른 매수가격의 산정을 위한 감정평가 등에 드는 비용을 부담한다.

② 사업시행자는 제1항에도 불구하고 매수청구인이 정당한 사유 없이 매수청구를 철회하는 경우에는 대통령령으로 정하는 바에 따라 감정평가에 따르는 비용의 전부 또는 일부를 매수청구인에게 부담하게 할 수 있다. 다만, 매수예상 가격에 비하여 매수가격이 대통령령으로 정하는 비율 이상으로 떨어진 경우에는 그러하지 아니하다.

③ 사업시행자가 국토교통부장관 또는 지방자치단체의 장인 경우 매수청구인이 제2항 본문에 따라 부담하여야 하는 비용을 납부하지 아니하면 국세 또는 지방세 체납처분의 예에 따라 징수할 수 있다.

제17조(부대공사의 시행) ① 사업시행자는 개발사업이 아닌 공사로서 개발사업으로 인하여 필요하게 되거나 개발사업을 시행하기 위하여 필요하게 된 공사(이하 "부대공사"라 한다)는 해당 개발사업으로 보아 해당 개발사업과 함께 시행할 수 있다.

② 부대공사의 범위는 대통령령으로 정한다.

제18조(개발사업의 대행) 국토교통부장관은 국토교통부장관 외의 자가 시행하는 개발사업을 효율적으로 수행하기 위하여 필요한 경우에는 해당 사업시행자와 협의하여 그 사업시행자의 비용부담으로 국토교통부장관이 시행하거나, 제3자에게 대행하게 할 수 있다.

제19조(개발사업의 촉진과 품질향상 등을 위한 특례) ① 다음 각 호

의 어느 하나에 해당하는 개발사업에 대해서는 「건축법」 제49조·제50조 및 제53조, 「위험물안전관리법」 제5조제4항 및 「소방시설 설치 및 관리에 관한 법률」 제12조제1항을 적용하지 아니한다. 〈개정 2021. 11. 30.〉

1. 국토교통부장관이 기술심의위원회의 심의를 거쳐 인정한 특수기술 또는 특수장치를 이용한 개발사업

2. 개발사업에 따른 시설의 구조 및 형태가 관계 법령에 따른 소방·방재·방화·대피 등에 관한 기준보다 높은 수준이라고 국토교통부장관이 기술심의위원회의 심의를 거쳐 인정하는 개발사업

② 사업시행자는 다양한 기능과 특성을 갖는 건설공사를 발주할 때 공사의 성질상 또는 기술관리상 건축·전기 및 전기통신 공사를 분리하여 발주하기 곤란한 경우로서 대통령령으로 정하는 경우에는 통합하여 발주할 수 있다.

③ 사업시행자는 「산업집적활성화 및 공장설립에 관한 법률」 제20조에도 불구하고 개발사업에 들어가는 각종 건설자재의 생산시설로서 국토교통부장관이 개발사업에 직접 필요하다고 인정하는 시설을 공항·비행장개발예정지역 또는 그 인근에 신설·증설 또는 이전할 수 있다. 이 경우 건설자재의 생산시설은 공사용 목적으로 개발사업 기간 중에 설치되는 것으로 한정한다.

④ 사업시행자는 개발사업을 끝낸 경우에는 제3항에 따라 설치한 시설을 원상회복하여야 한다.

제20조(준공확인) ① 국토교통부장관 외의 사업시행자는 개발사업에 관한 공사를 끝낸 경우에는 지체 없이 국토교통부령으로 정하는 바에 따라 국토교통부장관에게 공사준공 보고서를 제출하고 준공확인을 받아야 한다. 다만, 「건축법」 제22조에 따른 허가권자로부터 사용승인을 받은 건축물에 대해서는 준공확인을 받은 것으로 본다.

② 제1항 단서에 따라 허가권자로부터 사용승인을 받은 사업시행

자는 국토교통부장관에게 그 사실을 보고하여야 한다.

③ 국토교통부장관은 제1항에 따라 준공확인을 하는 경우에는 관계 중앙행정기관의 장, 지방자치단체의 장, 「공공기관의 운영에 관한 법률」 제4조에 따른 공공기관의 장 또는 관계 전문기관 등에 준공확인에 필요한 검사를 의뢰할 수 있다.

④ 국토교통부장관은 제1항에 따른 준공확인 신청을 받았을 때에는 준공확인을 한 후 그 공사가 실시계획의 내용대로 시행되었다고 인정되는 경우에는 그 신청인에게 준공확인증명서를 발급하여야 한다.

⑤ 국토교통부장관은 개발사업에 관한 공사를 끝낸 경우 또는 제4항에 따라 준공확인증명서를 발급한 경우에는 국토교통부령으로 정하는 바에 따라 개발사업의 명칭, 종류, 위치 및 사용 개시일 등을 고시하여야 한다.

⑥ 제5항에 따라 고시를 하였거나 제1항 단서에 따라 사용승인서를 받은 경우에는 제8조제1항 각 호의 인·허가등에 따른 해당 사업의 준공확인 또는 준공인가 등을 받은 것으로 본다.

⑦ 제4항에 따른 준공확인증명서를 발급받기 전에는 개발사업으로 조성되거나 설치된 토지 및 시설을 사용해서는 아니 된다. 다만, 국토교통부장관으로부터 준공확인 전에 사용허가를 받았거나 제1항 단서에 따라 건축물에 대하여 준공확인을 받은 것으로 보는 경우에는 그러하지 아니하다.

⑧ 국토교통부장관은 제7항 단서에 따른 사용허가의 신청을 받은 날부터 20일 이내에 허가 여부를 신청인에게 통지하여야 한다. 〈신설 2018. 12. 18.〉

제21조(투자허가·시설물의 귀속 등) ① 국토교통부장관이 시행하는 개발사업에 투자하려는 자는 국토교통부장관의 허가를 받아야 한다. 이 경우 국토교통부장관은 그 개발사업과 관련된 토지 및 그 밖의

시설(공항의 유지·보수를 위한 시설, 공항이용객 편의시설 등 대통령령으로 정하는 시설은 제외한다)을 국가에 귀속시킬 것을 조건으로 허가할 수 있다.

② 제1항 후단 및 제6조제4항에 따른 조건이 붙은 허가를 받아 조성되거나 설치된 토지 및 시설은 해당 공사의 준공과 동시에 국가에 귀속된다. 다만, 조건이 붙지 아니한 허가를 받은 경우에는 그 토지 및 공항시설은 해당 사업시행자의 소유로 한다.

③ 제2항에도 불구하고 「인천국제공항공사법」에 따른 인천국제공항공사가 인천국제공항 개발사업으로 조성 또는 설치한 토지 및 시설의 귀속에 관하여는 같은 법에서 정하는 바에 따른다.

④ 제2항에도 불구하고 「한국공항공사법」에 따른 한국공항공사가 투자하거나 시행하는 다음 각 호의 개발사업으로 조성되거나 설치된 토지 및 시설의 귀속에 관하여는 같은 법에서 정하는 바에 따른다. 〈신설 2025. 8. 26.〉

1. 제1항에 따른 허가를 받아 투자하는 개발사업
2. 제6조제2항에 따른 허가를 받아 시행하는 개발사업

제22조(사용·수익 등) ① 국토교통부장관은 제21조제2항에 따라 국가에 귀속된 공항시설 또는 비행장시설의 투자자 또는 사업시행자에게 그 시설 또는 국토교통부장관이 관리하는 다른 시설을 그가 투자한 총사업비의 범위에서 대통령령으로 정하는 바에 따라 무상으로 사용·수익하게 할 수 있다. 다만, 「인천국제공항공사법」에 따른 인천국제공항공사가 사업시행자로서 인천국제공항 개발사업으로 조성 또는 설치한 토지 및 시설의 사용·수익 등에 관하여는 같은 법에서 정하는 바에 따른다.

② 국토교통부장관은 공항 또는 비행장의 운영을 위하여 부득이하게 필요한 경우에는 제1항에 따라 무상으로 사용·수익을 하게 한 공항시설 또는 비행장시설의 무상사용·수익허가를 취소할 수 있다.

이 경우 국토교통부장관은 제1항에 따른 투자자 또는 사업시행자가 국가에 귀속된 공항시설 또는 비행장시설을 유상으로 사용·수익할 경우의 사용료 총액이 총사업비에 도달하지 아니한 경우에는 그 사용료 총액이 총사업비에 도달할 때까지 다른 공항시설 또는 비행장시설을 무상으로 사용·수익하게 하는 등의 방식으로 보상이 이루어지도록 필요한 조치를 하여야 한다.

③ 제1항에 따른 총사업비의 산정방법과 무상으로 사용·수익할 수 있는 기간은 대통령령으로 정한다.

제23조(재정지원) ① 국가는 개발사업의 촉진을 위하여 사업시행자에게 예산의 범위에서 해당 개발사업에 필요한 비용의 전부 또는 일부를 보조하거나 재정자금을 융자할 수 있다.

② 국가는 지방자치단체의 장이 제25조제1항에 따라 국토교통부장관의 허가를 받아 이착륙장을 설치하는 경우에는 해당 사업시행에 필요한 비용의 전부 또는 일부를 보조하거나 재정자금을 융자할 수 있다.

제24조(공항시설 및 비행장시설의 설치기준 등) 제6조제1항 및 제2항에 따른 개발사업에 필요한 공항시설 또는 비행장시설 및 항행안전시설의 설치에 관한 기준(이하 "시설설치기준"이라 한다)은 대통령령으로 정한다.

제24조(공항시설 또는 비행장시설 및 항행안전시설의 설치기준 등) ① 제6조제1항 및 제2항에 따른 개발사업에 필요한 공항시설 또는 비행장시설 및 항행안전시설은 다음 각 호의 기준(이하 "시설설치기준"이라 한다)에 따라 설치하여야 한다.

1. 공항 또는 비행장과 그 주변에 항공기의 이륙·착륙에 지장을 주는 장애물이 없을 것. 다만, 해당 공항 또는 비행장의 공사 완료 예정일까지 그 장애물을 확실히 제거할 수 있다고 인정되는 경우는 제외한다.

2. 공항 또는 비행장의 체공선회권(공항 또는 비행장에 착륙하려는 항공기의 체공선회를 위하여 필요하다고 인정하는 공항 또는 비행장 상공의 정해진 공역을 말한다. 이하 이 호에서 같다)이 인접한 공항 또는 비행장의 체공선회권과 중복되지 아니할 것

3. 활주로 종단안전구역(항공기가 활주로 시작 부분 앞쪽에 착륙하거나 활주로를 지나치는 경우 항공기와 탑승자의 피해를 줄이기 위하여 착륙대의 종단 이후에 국토교통부령으로 정하는 바에 따라 설정된 구역을 말한다) 및 그와 연접한 국토교통부령으로 정하는 구역 내 항행안전시설 등의 물체는 항공기에 대한 위험을 최소화할 수 있도록 국토교통부령으로 정하는 바에 따라 부러지기 쉬운 재질로 하고 최소 중량 및 높이로 설치할 것

4. 그 밖에 공항 또는 비행장의 활주로 · 착륙대 · 유도로, 조류충돌 예방을 위한 시설 등이 국토교통부령으로 정하는 기준에 적합할 것

② 시설설치기준을 신설 또는 변경하거나 해석 · 적용할 때에는 「국제민간항공협약」 및 같은 협약의 부속서(附屬書)에서 정하는 기준에 부합하도록 하여야 한다. 다만, 「국제민간항공협약」에 따라 국토교통부장관이 별도로 정하는 경우에는 그러하지 아니하다.

③ 국토교통부장관은 제1항제3호에 따른 물체의 재질 및 설치 위치 등의 정보를 「항공안전법」 제89조에 따라 공항운영자 및 항공운송사업자에게 제공하여야 한다.

[전문개정 2025. 8. 26.]

[시행일: 2026. 2. 27.] 제24조

제25조(이착륙장) ① 국토교통부장관은 이착륙장을 설치할 수 있으며, 국토교통부장관 외의 자가 이착륙장을 설치하려는 경우에는 대통령령으로 정하는 바에 따라 국토교통부장관으로부터 허가를 받아야 한다. 국토교통부장관이 이착륙장의 설치를 허가하려는 경우에는 관계 중앙행정기관의 장 및 관할 시장 · 군수 · 구청장과 사전에 협의

하여야 한다.

② 제1항에 따라 이착륙장 설치허가를 받은 자는 이착륙장 설치공사를 완료한 경우 지체 없이 국토교통부령으로 정하는 바에 따라 공사준공보고서를 국토교통부장관에게 제출하고 준공확인을 받아야 하며, 제3항에 따른 기준에 적합하도록 이착륙장을 관리하여야 한다. 〈개정 2017. 12. 26.〉

③ 제1항 및 제2항에 따른 이착륙장의 설치 및 관리에 필요한 기준은 대통령령으로 정한다.

④ 제2항에 따른 준공확인의 신청을 받은 국토교통부장관은 지체 없이 준공검사를 한 후 해당 설치공사가 제3항에 따른 기준에 적합한 경우 준공확인증명서를 발급하여야 한다. 〈신설 2017. 12. 26.〉

⑤ 제4항에 따른 준공확인증명서를 받기 전에는 해당 이착륙장을 사용하여서는 아니 된다. 다만, 국토교통부령으로 정하는 바에 따라 국토교통부장관으로부터 사용허가를 받은 경우에는 그러하지 아니하다. 〈신설 2017. 12. 26.〉

⑥ 국토교통부장관은 다음 각 호의 어느 하나에 해당하는 경우에는 이착륙장을 설치 또는 관리하는 자에게 적합한 조치를 하도록 명령할 수 있다. 이 경우 국토교통부장관은 명령을 받은 자가 국토교통부장관이 정하는 상당한 기간 내에 적합한 조치를 하지 아니하는 경우에는 해당 허가를 취소할 수 있다. 〈개정 2017. 12. 26.〉

1. 정당한 사유 없이 이착륙장 설치허가서에 적힌 공사 착수 예정일부터 1년 이내에 착공하지 아니하거나 정당한 사유 없이 공사 완료 예정일까지 공사를 끝내지 아니한 경우

2. 허가에 붙인 조건을 위반한 경우

3. 제3항에 따른 이착륙장의 설치 및 관리 기준에 적합하지 아니한 경우

⑦ 국토교통부장관은 이착륙장 설치자가 다음 각 호의 어느 하나

에 해당하는 경우에는 그 사업의 시행 및 관리에 관한 허가 또는 승인을 취소하거나 그 효력의 정지, 공사의 중지 명령 등의 필요한 처분을 할 수 있다. 다만, 제1호 또는 제3호에 해당하는 경우에는 그 사업의 시행 및 관리에 관한 허가 또는 승인을 취소하여야 한다. 〈개정 2017. 12. 26.〉

1. 거짓이나 그 밖의 부정한 방법으로 허가를 받은 경우
2. 제1항을 위반하여 국토교통부장관 외의 자가 허가를 받지 아니하고 이착륙장을 설치하거나 허가 받은 사항을 위반한 경우
3. 사정 변경으로 이착륙장 설치를 계속 시행하는 것이 불가능하다고 인정되는 경우

⑧ 국토교통부장관은 다음 각 호의 어느 하나에 해당하는 경우에는 이착륙장 사용의 중지를 명할 수 있다. 〈개정 2017. 12. 26.〉

1. 이착륙장의 위치·구조 등이 설치허가서에 적힌 사실과 다른 경우
2. 제3항에 따른 기준에 맞지 아니하게 된 경우
3. 제5항을 위반하여 준공확인증명서를 받기 전에 이착륙장을 사용하거나 사용허가를 받지 아니하고 이착륙장을 사용하는 경우

제3장 공항 및 비행장의 관리·운영

제26조(공항시설관리권) ① 국토교통부장관은 공항시설을 유지·관리하고 그 공항시설을 사용하거나 이용하는 자로부터 사용료를 징수할 수 있는 권리(이하 "공항시설관리권"이라 한다)를 설정할 수 있다.

② 제1항에 따라 공항시설관리권을 설정받은 자는 대통령령으로 정하는 바에 따라 국토교통부장관에게 등록하여야 한다. 등록한 사항을 변경할 때에도 또한 같다.

③ 공항시설관리권은 물권(物權)으로 보며, 이 법에 특별한 규정이 있는 경우를 제외하고는 「민법」 중 부동산에 관한 규정을 준용한다.

제27조(공항시설관리권 관련 저당권 설정의 특례) ① 저당권이 설정된 공항시설관리권은 저당권자의 동의가 없으면 처분할 수 없다.

② 제26조제1항에 따라 공항시설관리권이 설정된 공항시설 중 활주로 등 대통령령으로 정하는 중요 공항시설에 설정된 공항시설관리권에 대해서는 저당권을 설정할 수 없다.

제28조(공항시설관리권 등의 권리 변동) ① 공항시설관리권 또는 공항시설관리권을 목적으로 하는 저당권의 설정·변경·소멸 또는 처분의 제한은 국토교통부에서 갖추어 두고 있는 공항시설관리권 등록부에 공항시설관리권 또는 저당권의 설정·변경·소멸 또는 처분의 제한 사실을 등록함으로써 효력이 발생한다.

② 제1항에 따른 공항시설관리권 등의 등록에 필요한 사항은 대통령령으로 정한다.

제29조(비행장시설관리권) ① 국토교통부장관은 국가 소유의 비행장시설을 유지·관리하고 그 비행장시설을 사용하거나 이용하는 자로부터 사용료를 징수할 수 있는 권리(이하 "비행장시설관리권"이라 한다)를 설정할 수 있다.

② 비행장시설관리권에 관하여는 제26조제2항·제3항, 제27조 및 제28조를 준용한다. 이 경우 "공항시설"은 "비행장시설"로, "공항시설관리권"은 "비행장시설관리권"으로, "공항시설관리권 등록부"는 "비행장시설관리권 등록부"로 본다.

제30조(관리대장의 작성·비치) ① 공항시설 또는 비행장시설을 관리·운영하는 자는 공항시설 또는 비행장시설의 관리대장을 작성하여 갖추어 두어야 한다.

② 제1항에 따른 관리대장의 작성·비치 및 기록 사항 등에 필요한 사항은 국토교통부령으로 정한다.

제31조(시설의 관리기준) ① 공항시설 또는 비행장시설을 관리·운영하는 자는 시설의 보안관리 및 기능유지에 필요한 사항 등 국토

교통부령으로 정하는 시설의 관리·운영 및 사용 등에 관한 기준(이하 "시설관리기준"이라 한다)에 따라 그 시설을 관리하여야 한다.

② 국토교통부장관은 대통령령으로 정하는 바에 따라 공항시설 또는 비행장시설이 시설관리기준에 맞게 관리되는지를 확인하기 위하여 필요한 검사를 하여야 한다. 다만, 제38조제1항에 따른 공항으로서 제40조제1항에 따른 공항의 안전운영체계에 대한 검사를 받는 공항은 이 조에 따른 검사를 하지 아니할 수 있다.

제31조의2(항공관련업무 수행단체의 준수사항) ① 항공관련업무 수행단체는 지상안전사고의 예방과 차량 및 장비의 안전운행을 위하여 보호구역에서 다음 각 호의 지상안전관리기준을 준수하여야 한다.

1. 공항운영자로부터 운전업무 승인을 받은 사람이 차량을 운전하거나 장비 등을 사용하도록 할 것

2. 공항운영자에게 등록된 차량을 사용하도록 할 것

3. 항공관련업무 수행단체에 소속되어 제2조제11호의2에 따른 항공 관련 업무에 종사하는 사람(이하 "항공관련업무종사자"라 한다)에게 항공기 이동에 지장을 초래할 수 있는 차량, 장비, 부품 및 가연성 물질 등 위험물을 공항운영자가 지정한 구역에 주차, 보관 또는 저장하도록 할 것

4. 지상안전사고가 발생한 사실을 알게 된 경우 국토교통부장관에게 즉시 신고할 것. 다만, 항공관련업무종사자가 신고한 경우에는 제외한다.

5. 차량 및 장비가 승차정원 및 화물적재량을 초과하여 사용되지 아니하도록 할 것

6. 공항운영자가 정하는 바에 따라 차량 및 장비에 대하여 안전검사를 실시할 것

7. 그 밖에 지상안전사고의 예방과 차량 및 장비의 안전운행을 위하여 대통령령으로 정하는 기준

② 제1항에 따른 지상안전관리기준의 시행에 필요한 사항은 국토교통부령으로 정한다.

③ 항공관련업무 수행단체는 항공관련업무종사자에게 지상안전사고의 예방과 차량 및 장비의 안전운행에 필요한 교육을 정기적으로 실시하여야 한다.

④ 국토교통부장관은 항공관련업무종사자가 제31조의3에 따른 지상안전관리기준을 위반한 경우에는 항공관련업무 수행단체에 조업방법, 근무환경 개선 등 지상안전사고 예방대책을 마련하여 특별안전교육을 실시하도록 요청할 수 있다. 이 경우 항공관련업무 수행단체는 특별한 사유가 없으면 그 요청에 따라야 한다.

⑤ 제3항 및 제4항에 따라 항공관련업무 수행단체가 실시하는 교육의 대상, 내용 및 그 밖에 필요한 사항은 국토교통부령으로 정한다.

[전문개정 2024. 2. 13.]

제31조의3(항공관련업무종사자의 준수사항) ① 항공관련업무종사자는 지상안전사고의 예방과 차량 및 장비의 안전운행을 위하여 보호구역에서 다음 각 호의 지상안전관리기준을 준수하여야 한다.

1. 차량을 운전하거나 장비 등을 사용하려는 경우 공항운영자의 사전 승인을 받을 것

2. 차량 및 장비를 승차정원 및 화물적재량을 초과하여 사용하지 말 것

3. 차량 및 장비를 운행할 경우 다음 각 목의 사항을 준수할 것

가. 공항운영자가 정한 제한속도 및 안전거리를 유지할 것

나. 주행 중인 차량을 추월하지 말 것

다. 지상에서 이동 중인 항공기의 앞을 가로지르거나 주기 중인 항공기의 밑으로 운행하지 말 것. 다만, 해당 항공기에 대한 급유, 화물의 하역 등 항공기 관련 업무를 수행 중이거나 감독기관의 지시나 신호에 따른 경우는 제외한다.

라. 공항운영자가 지정한 구역 외의 장소에 차량 및 장비를 주차하거나 정차하지 말 것

마. 차량 및 장비를 운행하는 중에는 전방을 주시할 것

바. 차량 및 장비를 운행하는 중에는 휴대용 전화를 사용하지 말 것

4. 보호구역에 설치되거나 표시된 교통안전 관련 시설 또는 표지를 훼손하지 말 것

5. 항공기 이동에 지장을 초래할 수 있는 장비, 부품, 이물질 등을 활주로 및 유도로 등에 방치하거나 가연성 물질 등 위험물을 공항운영자가 지정한 구역이 아닌 장소에 보관하거나 저장하지 말 것

6. 지상안전사고가 발생한 경우 국토교통부장관에게 즉시 신고할 것

7. 보호구역에서 흡연(공항운영자가 지정한 장소에서의 흡연은 제외한다), 음주 또는 환각제 복용을 하거나 음주 또는 환각제 복용 상태에서 업무 수행을 하지 말 것

8. 그 밖에 지상안전사고의 예방과 차량 및 장비의 안전운행을 위하여 대통령령으로 정하는 기준

② 국토교통부장관은 항공관련업무종사자가 제1항에 따른 지상안전관리기준을 위반한 경우 1년 이내의 기간을 정하여 해당 업무(운전업무를 제외한다)에 대한 정지를 명하거나, 공항운영자에게 운전업무의 승인을 취소하거나 1년 이내의 기간을 정하여 운전업무를 정지할 것을 명할 수 있다. 다만, 항공관련업무종사자가 거짓 또는 그 밖의 부정한 방법으로 제1항제1호에 따른 승인을 받거나 같은 항 제7호를 위반하여 음주 또는 환각제 복용 상태에서 운전업무를 수행한 경우에는 운전업무의 승인 취소를 명하여야 한다.

③ 제1항에 따른 지상안전관리기준의 시행 및 제2항에 따른 처분의 기준·절차 등에 필요한 사항은 국토교통부령으로 정한다.

[본조신설 2024. 2. 13.]

제31조의4(관리 점검 및 조사 등) ① 공항운영자는 항공관련업무 수행단체 및 항공관련업무종사자에 대하여 제31조의2제1항 및 제31조의3제1항에서 정하는 지상안전관리기준의 준수 여부를 정기 또는 수시로 점검하고, 그 결과를 국토교통부장관에게 보고하여야 한다.

② 국토교통부장관은 공항운영자에 대하여 제31조의2제1항 및 제31조의3제1항에서 정하는 지상안전관리기준의 준수 여부를 점검할 수 있다.

③ 국토교통부장관은 제31조의2제1항제4호 또는 제31조의3제1항제6호에 따라 지상안전사고에 대하여 신고를 받은 경우 위반사항 등을 파악하기 위한 조사를 할 수 있다.

④ 제1항 및 제2항에 따른 점검의 시기·절차 등에 필요한 사항은 국토교통부령으로 정한다.

[본조신설 2024. 2. 13.]

제31조의5(조류충돌 예방 전담인력·장비 운용) ① 공항운영자는 조류충돌을 예방하기 위하여 전담인력과 장비를 운용하여야 한다.

② 제1항에 따른 전담인력의 운용기준·방법 및 절차, 장비의 종류 등 필요한 사항은 국토교통부령으로 정한다.

[본조신설 2025. 8. 26.]

[시행일: 2026. 2. 27.] 제31조의5

제31조의6(조류충돌 예방 기본계획의 수립) ① 국토교통부장관은 공항 및 규모, 항공기의 운항 횟수 등을 고려하여 대통령령으로 정하는 비행장과 그 주변에서의 조류충돌을 예방하기 위하여 5년마다 다음 각 호의 사항이 포함된 조류충돌 예방 기본계획(이하 "예방기본계획"이라 한다)을 수립하여야 한다.

1. 조류충돌 예방 정책의 기본방향
2. 조류충돌 예방 정책에 필요한 연구·조사 및 지원에 관한 사항
3. 조류충돌 예방을 위한 교육·홍보에 관한 사항

4. 그 밖에 조류충돌 예방과 관련하여 국토교통부령으로 정하는 사항

② 예방기본계획은 제31조의8에 따른 조류충돌예방위원회의 심의를 거쳐 확정한다. 이를 변경하는 경우에도 또한 같다.

③ 국토교통부장관은 예방기본계획을 수립하거나 변경하기 위하여 필요한 경우에는 관계 중앙행정기관의 장에게 관련 자료의 제출을 요청할 수 있다.

④ 제1항부터 제3항까지에서 규정한 사항 외에 예방기본계획의 수립 등에 필요한 사항은 국토교통부령으로 정한다.

[본조신설 2025. 8. 26.]

[시행일: 2026. 2. 27.] 제31조의6

제31조의7(공항별 조류충돌 위험관리계획 수립 등) ① 공항운영자는 조류충돌을 예방하기 위하여 공항의 지역적 특성, 조류의 서식환경, 활동량, 이동유형 등을 반영한 공항별 조류충돌 위험관리계획(이하 "공항별위험관리계획"이라 한다)을 제31조의9에 따른 공항별 조류충돌예방위원회의 심의를 거쳐 매년 수립하여야 한다.

② 공항별위험관리계획에는 조류와 야생동물에 대한 자료의 수집과 관리, 조류충돌 예방대책, 조류충돌 예방 전담인력·장비의 운용 등 대통령령으로 정하는 사항이 포함되어야 한다.

③ 공항운영자는 공항별위험관리계획을 수립한 때에는 이를 국토교통부장관에게 보고하여야 한다.

④ 국토교통부장관은 공항별위험관리계획을 평가하고, 개선사항을 권고할 수 있다.

⑤ 제1항부터 제4항까지에서 규정한 사항 외에 공항별위험관리계획 수립의 시기·절차 등 필요한 사항은 국토교통부령으로 정한다.

[본조신설 2025. 8. 26.]

[시행일: 2026. 2. 27.] 제31조의7

제31조의8(조류충돌예방위원회의 구성 · 운영) ① 국토교통부장관은 조류충돌 예방에 관한 사항을 심의하기 위하여 국토교통부에 조류충돌예방위원회(이하 이 조에서 “예방위원회”라 한다)를 둔다.

② 예방위원회는 위원장 1명을 포함한 30명 이내의 위원으로 구성한다.

③ 예방위원회의 위원장은 국토교통부의 고위공무원단에 속하는 일반직 공무원 중에서 국토교통부장관이 임명하고, 위원은 대통령령으로 정하는 관계 행정기관의 공무원, 공항운영자, 항공운송사업자, 항공안전에 관한 학식과 경험이 풍부한 전문가 중에서 국토교통부장관이 임명 또는 위촉하는 사람으로 한다.

④ 예방위원회는 다음 각 호의 사항을 심의한다.

1. 예방기본계획의 수립 및 변경에 관한 사항

2. 조류충돌 발생 현황 분석 및 공항별위험관리계획 평가에 관한 사항

3. 공항 및 규모, 항공기의 운항 횟수 등을 고려하여 대통령령으로 정하는 비행장과 그 주변에서 조류를 유인할 수 있는 토지이용 및 환경에 관한 사항

4. 공항 및 규모, 항공기의 운항 횟수 등을 고려하여 대통령령으로 정하는 비행장과 그 주변에서의 조류충돌 예방 방법 및 기술개발에 관한 사항

5. 그 밖에 조류충돌 예방에 관하여 국토교통부령으로 정하는 사항

⑤ 제1항부터 제4항까지에서 규정한 사항 외에 예방위원회의 구성 및 운영 등에 필요한 사항은 대통령령으로 정한다.

[본조신설 2025. 8. 26.]

[시행일: 2026. 2. 27.] 제31조의8

제31조의9(공항별 조류충돌예방위원회 운영) ① 공항운영자는 다음 각 호의 업무를 수행하기 위하여 공항별 조류충돌예방위원회를 둔다.

1. 조류충돌 정보와 조류관측 정보의 수집과 교환

2. 항공기와 조류·야생동물의 효과적인 충돌 예방방법 개발 및 제31조의5제1항에 따른 전담인력·장비의 운용 검토

3. 공항별위험관리계획의 적정성 심의 및 시행에 대한 평가

4. 제31조의10에 따른 조류충돌 위험도 평가에 대한 점검 및 활용

5. 그 밖에 조류충돌 예방에 필요한 사항

② 공항운영자는 제31조의5제1항에 따른 전담인력으로 하여금 제1항에 따른 공항별 조류충돌예방위원회의 업무를 지원하게 할 수 있다.

③ 제1항에 따른 공항별 조류충돌예방위원회의 구성 및 운영 등에 필요한 사항은 국토교통부령으로 정한다.

[본조신설 2025. 8. 26.]

[시행일: 2026. 2. 27.] 제31조의9

제31조의10(조류충돌 위험도 평가) ① 공항운영자 및 비행장의 규모, 항공기의 운항 횟수 등을 고려하여 대통령령으로 정하는 비행장 시설을 관리·운영하는 자는 공항 또는 비행장의 지리적 위치 및 주변 환경 등을 고려하여 조류충돌 위험에 대한 평가를 매년 실시하고, 국토교통부장관에게 보고하여야 한다.

② 국토교통부장관은 제1항에 따른 평가를 점검하고, 개선사항을 권고할 수 있다.

③ 제1항에 따른 평가의 방법·절차·시기 등 필요한 사항은 국토교통부령으로 정한다.

[본조신설 2025. 8. 26.]

[시행일: 2026. 2. 27.] 제31조의10

제32조(사용료의 징수 등) ① 공항시설 또는 비행장시설을 관리·운영하는 자는 국토교통부령으로 정하는 바에 따라 공항·비행장·항행안전시설을 사용하거나 이용하는 자로부터 사용료를 징수할 수 있다.

② 제1항에 따라 사용료를 받으려는 자는 사용료의 금액을 정하거나 변경하려는 경우에는 국토교통부장관에게 신고하여야 한다. 다만, 지방자치단체의 장과 「공공기관의 운영에 관한 법률」 제4조에 따른 공공기관을 제외한 자가 사용료를 정하거나 변경하려는 경우에는 국토교통부장관의 승인을 받아야 한다.

③ 국토교통부장관은 제2항 본문에 따른 신고를 받은 날부터 10일 이내에 신고수리 여부를 신고인에게 통지하여야 한다. 〈신설 2018. 12. 18.〉

④ 국토교통부장관이 제3항에서 정한 기간 내에 신고수리 여부 또는 민원 처리 관련 법령에 따른 처리기간의 연장을 신고인에게 통지하지 아니하면 그 기간(민원 처리 관련 법령에 따라 처리기간이 연장 또는 재연장된 경우에는 해당 처리기간을 말한다)이 끝난 날의 다음 날에 신고를 수리한 것으로 본다. 〈신설 2018. 12. 18.〉

⑤ 제1항에 따라 사용료를 받으려는 자는 제1항에 따른 사용료를 내야 할 자가 납부기한까지 사용료를 내지 아니하면 그 납부기한의 다음 날부터 납부한 날까지의 기간에 대하여 「은행법」 제2조에 따른 은행의 연체이자율 등을 고려하여 대통령령으로 정하는 바에 따라 연체금을 일단위로 징수한다. 이 경우 연체금의 한도는 체납된 사용료의 100분의 50을 초과하지 아니하는 범위에서 대통령령으로 정한다. 〈신설 2025. 1. 31.〉

⑥ 제1항에 따라 사용료를 받으려는 자는 제1항에 따른 사용료를 내야 할 자가 납부기한까지 사용료를 내지 아니하면 기간을 정하여 독촉하고, 그 지정된 기간에 사용료 및 제5항에 따른 연체금을 내지 아니하면 국토교통부장관의 승인을 받아 국세 강제징수의 예에 따라 징수할 수 있다. 〈신설 2025. 1. 31.〉

제33조(공항 또는 비행장 사용의 휴지 · 폐지 · 재개) ① 국토교통부장관 외의 사업시행자 및 공항시설 또는 비행장시설을 관리 · 운영하

는 자(이하 "사업시행자등"이라 한다)는 공항시설의 사용을 휴지(休止) 또는 폐지하려는 경우 국토교통부장관의 승인을 받아야 한다. 다만, 공항의 운영과 직접적인 관련이 없는 시설 등 국토교통부령으로 정하는 공항시설은 그러하지 아니하다.

② 사업시행자등은 비행장시설을 휴지 또는 폐지하려는 경우 그 휴지 또는 폐지 예정일 15일 전에 국토교통부장관에게 신고하여야 한다. 다만, 비행장의 운영과 직접적인 관련이 없는 시설 등 국토교통부령으로 정하는 비행장시설은 그러하지 아니하다.

③ 사업시행자등은 휴지 또는 폐지한 공항시설 또는 비행장시설의 사용을 재개(再開)하려면 국토교통부령으로 정하는 바에 따라 국토교통부장관의 승인을 받아야 한다. 이 경우 국토교통부장관은 시설설치기준 및 시설관리기준에 따라 검사하여야 한다.

④ 국토교통부장관은 제1항부터 제3항까지에 따른 공항시설 또는 비행장시설의 휴지 · 폐지 또는 재개에 관한 사항을 고시하여야 한다.

제34조(장애물의 제한 등) ① 누구든지 제4조제6항에 따른 기본계획의 고시 이후에는 해당 고시에 따른 장애물 제한표면의 높이 이상의 건축물 · 구조물 · 식물 및 그 밖의 장애물을 설치 · 재배하거나 방치해서는 아니 된다. 다만, 다음 각 호에 해당하는 것은 설치 · 재배하거나 방치할 수 있다. 〈개정 2017. 12. 26., 2023. 4. 18.〉

1. 존치장애물

2. 국토교통부령으로 정하는 장애물로서 관계 행정기관의 장이 국토교통부령으로 정하는 바에 따라 국토교통부장관 또는 사업시행자등과 협의하여 설치를 허가하는 장애물

3. 국토교통부장관 또는 사업시행자등이 설치하는 공항시설 또는 비행장시설로서 국토교통부령으로 정하는 바에 따라 항공기의 안전운항에 지장이 없다고 인정되는 시설

4. 공항 또는 비행장의 사용 개시 예정일 전에 제거할 예정인 가

설물

5. 국토교통부령으로 정하는 항공학적 검토 기준 및 방법 등에 따른 항공학적 검토 결과에 대하여 제35조에 따른 항공학적 검토위원회의 의결로 국토교통부장관이 항공기의 비행안전을 특히 해치지 아니한다고 결정하는 장애물

② 제4조제6항에 따른 기본계획의 고시 전에 장애물 제한표면의 높이를 넘어선 장애물 중 존치장애물로 고시되지 아니한 장애물은 다음 각 호에서 정하는 기간 동안은 제1항을 위반하지 아니한 것으로 본다. 〈개정 2023. 4. 18.〉

1. 제34조의2제1항에 따라 국토교통부장관 또는 사업시행자등이 해당 장애물의 제한이나 제거를 요구하여 같은 조 제2항에 따른 손실보상이나 같은 조 제4항에 따른 매수가 이루어지기 전까지의 기간

2. 제34조의2제5항에 따라 국토교통부장관이 장애물의 제한이나 제거를 명하여 같은 조 제6항에 따른 손실보상이 이루어지기 전까지의 기간

③ 사업시행자등은 항공기 안전운항에 지장이 없도록 장애물에 대한 정기적인 현황조사 등 국토교통부령으로 정하는 바에 따라 장애물을 관리하여야 한다. 〈개정 2023. 4. 18.〉

④ 제1항제5호에 따른 결정을 받으려는 자는 국토교통부령으로 정하는 전문기관이 작성한 검토 결과보고서 등 국토교통부령으로 정하는 서류를 첨부하여 국토교통부령으로 정하는 바에 따라 국토교통부장관에게 신청하여야 한다. 이 경우 항공학적 검토에 드는 비용은 신청하는 자가 부담한다. 〈개정 2023. 4. 18.〉

제34조의2(장애물의 제거 요구 및 손실보상 등) ① 국토교통부장관 및 사업시행자등은 제4조제6항에 따른 기본계획의 고시 전에 장애물 제한표면의 높이를 넘어선 장애물 중 존치장애물 외의 장애물에

대하여 장애물소유자등(장애물의 소유권이나 그 밖의 권리를 가진 자를 말한다. 이하 같다)에게 제한이나 제거를 요구할 수 있다.

② 국토교통부장관 또는 사업시행자등은 장애물소유자등이 제1항에 따라 장애물을 제한하거나 제거하는 경우에는 대통령령으로 정하는 바에 따라 장애물소유자등에게 그 장애물의 제한이나 제거로 인한 손실을 보상하여야 한다.

③ 제2항에 따른 손실보상에 관하여는 국토교통부장관 또는 사업시행자등과 장애물소유자등이 협의하여야 한다.

④ 장애물소유자등 또는 장애물이 설치되어 있는 토지의 소유자는 제1항에 따른 장애물의 제한이나 제거로 그 장애물 또는 토지의 사용·수익이 곤란하게 된 경우에는 대통령령으로 정하는 바에 따라 국토교통부장관 또는 사업시행자등에게 그 장애물 또는 토지의 매수를 요구할 수 있다.

⑤ 국토교통부장관은 제3항에 따른 협의가 이루어지지 아니하여 그 장애물을 제한하거나 제거할 수 없는 경우로서 공항 또는 비행장의 원활한 관리·운영을 위하여 특히 필요하다고 인정되는 경우에는 장애물소유자등에게 장애물의 제한이나 제거를 명할 수 있다.

⑥ 장애물소유자등이 제5항에 따라 장애물을 제한하거나 제거하는 경우에는 국토교통부장관 또는 사업시행자등은 장애물소유자등에게 그 장애물의 제한이나 제거로 인한 손실을 보상하여야 한다.

⑦ 제6항에 따른 손실보상에 관하여는 국토교통부장관 또는 사업시행자등과 장애물소유자등이 협의하여야 한다.

⑧ 제7항에 따른 협의가 이루어지지 아니하거나 협의를 할 수 없는 경우에는 대통령령으로 정하는 바에 따라 「공익사업을 위한 토지 등의 취득 및 보상에 관한 법률」 제51조에 따른 관할 토지수용위원회에 재결을 신청할 수 있다.

⑨ 국토교통부장관은 제34조제1항을 위반하여 설치·재배 또는

방치한 장애물(식물이 성장하여 장애물 제한표면 위로 나오는 경우를 포함한다)에 대하여 장애물소유자등에게 그 장애물의 제한이나 제거를 명할 수 있다.

⑩ 국토교통부장관은 제5항 또는 제9항에 따라 장애물의 제한이나 제거 명령을 받은 자가 그 명령에 따르지 아니하는 경우에는 「행정대집행법」에 따라 그 장애물을 제한하거나 제거할 수 있다.

[본조신설 2023. 4. 18.]

제35조(항공학적 검토위원회) ① 국토교통부장관은 항공학적 검토에 관한 사항을 심의·의결하기 위하여 필요한 경우 항공학적 검토위원회(이하 이 조에서 "위원회"라 한다)를 구성·운영할 수 있다. 〈개정 2024. 1. 9.〉

② 위원회에서 항공학적 검토에 관한 사항을 심의·의결하는 때에는「국제민간항공조약」 및 같은 조약의 부속서(附屬書)에서 채택된 표준과 방식에 부합하도록 하여야 한다.

③ 위원회는 위원장 1명을 포함한 10명 이내의 위원으로 구성하되, 위원 중 과반수 이상은 외부 관계 전문가로 한다.

④ 위원회는 필요한 경우 행정기관의 장, 「공공기관의 운영에 관한 법률」 제4조에 따른 공공기관의 장, 그 밖에 관련 기관·단체의 장에게 자료의 제공 등 협조를 요청할 수 있다. 이 경우 해당 기관이나 단체의 장은 정당한 사유가 없으면 이에 따라야 한다.

⑤ 위원회의 위원 중 공무원이 아닌 사람은 「형법」 제129조부터 제132조까지를 적용할 때에는 공무원으로 본다.

⑥ 국토교통부장관은 위원회의 구성 목적을 달성하였다고 인정하는 경우에는 위원회를 해산할 수 있다. 〈신설 2024. 1. 9.〉

⑦ 그 밖에 위원회의 구성과 운영 등에 필요한 사항은 대통령령으로 정한다. 〈개정 2024. 1. 9.〉

<u>제35조(항공학적 검토위원회) ① 국토교통부장관은 항공학적 검토에</u>

관한 사항을 심의·의결하기 위하여 필요한 경우 항공학적 검토위원회(이하 이 조에서 "위원회"라 한다)를 구성·운영할 수 있다. 〈개정 2024. 1. 9.〉

② 위원회에서 항공학적 검토에 관한 사항을 심의·의결하는 때에는「국제민간항공협약」 및 같은 협약의 부속서에서 채택된 표준과 방식에 부합하도록 하여야 한다. 〈개정 2025. 8. 26.〉

③ 위원회는 위원장 1명을 포함한 10명 이내의 위원으로 구성하되, 위원 중 과반수 이상은 외부 관계 전문가로 한다.

④ 위원회는 필요한 경우 행정기관의 장, 「공공기관의 운영에 관한 법률」 제4조에 따른 공공기관의 장, 그 밖에 관련 기관·단체의 장에게 자료의 제공 등 협조를 요청할 수 있다. 이 경우 해당 기관이나 단체의 장은 정당한 사유가 없으면 이에 따라야 한다.

⑤ 위원회의 위원 중 공무원이 아닌 사람은 「형법」 제129조부터 제132조까지를 적용할 때에는 공무원으로 본다.

⑥ 국토교통부장관은 위원회의 구성 목적을 달성하였다고 인정하는 경우에는 위원회를 해산할 수 있다. 〈신설 2024. 1. 9.〉

⑦ 그 밖에 위원회의 구성과 운영 등에 필요한 사항은 대통령령으로 정한다. 〈개정 2024. 1. 9.〉

[시행일: 2026. 2. 27.] 제35조

제36조(항공장애 표시등의 설치 등) ① 국토교통부장관 또는 사업시행자등은 장애물 제한표면에서 수직으로 지상까지 투영한 구역에 있는 구조물로서 국토교통부령으로 정하는 구조물에는 국토교통부령으로 정하는 항공장애 표시등(이하 "표시등"이라 한다) 및 항공장애 주간(晝間)표지(이하 "표지"라 한다)의 설치 위치 및 방법 등에 따라 표시등 및 표지를 설치하여야 한다. 다만, 제4조제6항에 따른 기본계획의 고시, 제7조제6항에 따른 실시계획의 고시 또는 변경 고시를 한 후에 설치되는 구조물의 경우에는 그 구조물의 소유자가 표시등

및 표지를 설치하여야 한다. 〈개정 2017. 8. 9., 2023. 4. 18.〉

② 장애물 제한표면 밖의 지역에서 지표면이나 수면으로부터 높이가 60미터 이상 되는 구조물을 설치하는 자는 제1항에 따른 표시등 및 표지의 설치 위치 및 방법 등에 따라 표시등 및 표지를 설치하여야 한다. 다만, 구조물의 높이가 표시등이 설치된 구조물과 같거나 낮은 구조물 등 국토교통부령으로 정하는 구조물은 그러하지 아니하다. 〈개정 2017. 8. 9.〉

③ 국토교통부장관은 국토교통부령으로 정하는 바에 따라 제1항 및 제2항에 따른 구조물 외의 구조물이 항공기의 항행안전을 현저히 해칠 우려가 있으면 구조물에 표시등 및 표지를 설치하여야 한다.

④ 제1항 및 제3항에 따른 구조물의 소유자 또는 점유자는 국토교통부장관 또는 사업시행자등에 의한 표시등 및 표지의 설치를 거부할 수 없다. 이 경우 국토교통부장관 또는 사업시행자등은 제1항 본문 또는 제3항에 따른 표시등 및 표지의 설치로 인하여 해당 구조물의 소유자 또는 점유자에게 손실이 발생하면 대통령령으로 정하는 바에 따라 그 손실을 보상하여야 한다.

⑤ 국토교통부장관 외의 자가 제1항 또는 제2항에 따라 표시등 또는 표지를 설치하려는 경우에는 국토교통부장관과 미리 협의하여야 하며, 해당 시설을 설치한 날부터 15일 이내에 국토교통부령으로 정하는 바에 따라 국토교통부장관에게 신고하여야 한다. 〈신설 2017. 8. 9.〉

⑥ 제1항부터 제3항까지에 따라 표시등 또는 표지가 설치된 구조물을 소유 또는 관리하는 자가 해당 구조물에 설치된 표시등 또는 표지를 철거하거나 변경하려는 경우에는 국토교통부장관과 미리 협의하여야 하며, 해당 시설을 철거 또는 변경한 날부터 15일 이내에 국토교통부령으로 정하는 바에 따라 국토교통부장관에게 신고하여야

한다. 〈신설 2017. 8. 9.〉

⑦ 제1항부터 제3항까지의 규정에 따라 표시등 또는 표지가 설치된 구조물을 소유 또는 관리하는 자는 국토교통부령으로 정하는 바에 따라 그 표시등 및 표지를 관리하여야 한다. 〈개정 2017. 8. 9.〉

⑧ 국토교통부장관은 제1항 또는 제2항에도 불구하고 표시등 또는 표지를 설치하지 아니한 자에게 일정한 기간을 정하여 해당 시설의 설치를 명할 수 있다. 〈신설 2017. 8. 9.〉

⑨ 국토교통부장관은 제7항에 따른 관리 실태를 정기 또는 수시로 검사하여야 하며, 검사 결과 점등 불량, 시설기준 미준수 등 관리상 하자를 발견하는 경우에는 그 시정을 명할 수 있다. 〈개정 2017. 8. 9.〉

⑩ 제8항 또는 제9항에 따라 시정명령을 받은 자는 국토교통부장관이 정하는 기간 내에 그 명령을 이행하여야 하며, 그 명령을 이행하였을 때에는 지체 없이 이를 국토교통부장관에게 보고하여야 한다. 〈신설 2017. 8. 9.〉

⑪ 국토교통부장관은 제10항에 따른 보고를 받은 경우 지체 없이 제8항 또는 제9항에 따른 시정명령의 이행 상태 등에 대한 확인을 하여야 한다. 〈신설 2017. 8. 9.〉

⑫ 국토교통부장관은 제9항에 따른 검사 또는 시정명령 권한의 전부 또는 일부를 「공공기관의 운영에 관한 법률」에 따른 공공기관 등 관계 전문기관에 위탁할 수 있다. 〈개정 2017. 8. 9.〉

⑬ 제1항부터 제3항까지에 따라 설치하는 표시등의 종류와 성능 등은 국토교통부령으로 정한다. 〈신설 2017. 8. 9.〉

제37조(항공등화와 유사한 등화의 제한) ① 누구든지 항공등화의 인식에 방해가 되거나 항공등화로 잘못 인식될 우려가 있는 등화[이하 "유사등화"(類似燈火)라 한다]를 설치해서는 아니 된다.

② 국토교통부장관은 항공등화를 설치할 때 유사등화가 이미 설치되어 있는 경우에는 항공등화의 인식을 방해하거나 항공등화로 잘못 인식되지 아니하도록 유사등화의 소유자 또는 관리자에게 그 유사등화를 가리거나 소등할 것을 명할 수 있다. 이 경우 그 조치에 필요한 비용은 그 항공등화의 설치자가 부담한다.

제38조(공항운영증명 등) ① 국제항공노선이 있는 공항 등 대통령령으로 정하는 공항을 운영하려는 공항운영자는 국토교통부령으로 정하는 바에 따라 공항을 안전하게 운영할 수 있는 체계를 갖추어 국토교통부장관의 증명(이하 "공항운영증명"이라 한다)을 받아야 한다.

② 국토교통부장관은 공항운영증명을 하는 경우 공항의 사용목적, 항공기의 운항 횟수 등을 고려하여 대통령령으로 정하는 바에 따라 공항운영증명의 등급을 구분하여 증명할 수 있다.

③ 공항운영증명을 받은 자가 해당 공항의 공항운영증명의 등급 등 공항운영증명의 내용을 변경하려는 경우에는 국토교통부령으로 정하는 바에 따라 국토교통부장관의 공항운영증명 변경인가를 받아야 한다.

④ 국토교통부장관은 공항의 안전운영체계를 위하여 필요한 인력, 시설, 장비 및 운영절차 등에 관한 기술기준(이하 "공항안전운영기준"이라 한다)을 정하여 고시하여야 한다.

제39조(공항운영규정) ① 공항운영증명을 받으려는 공항운영자는 공항안전운영기준에 따라 그가 운영하려는 공항의 운영규정(이하 "공항운영규정"이라 한다)을 수립하여 국토교통부장관의 인가를 받아야 하며, 이를 변경하려는 경우에도 또한 같다.

② 제1항에도 불구하고 공항운영자는 공항운영자의 자체적인 세부 운영규정 등 국토교통부령으로 정하는 경미한 사항을 변경하려는 경우에는 국토교통부장관에게 신고하여야 한다.

③ 공항운영증명을 받은 공항운영자는 공항안전운영기준이 변경되

거나 공항의 안전 또는 위험의 방지 등을 위하여 국토교통부장관이 공항운영규정의 변경을 명하는 경우에는 국토교통부령으로 정하는 바에 따라 공항운영규정을 변경하여야 한다.

④ 국토교통부장관은 제1항에 따른 인가의 신청을 받은 날부터 20일 이내에 인가 여부를 신청인에게 통지하여야 한다. 〈신설 2018. 12. 18.〉

제40조(공항운영의 검사 등) ① 공항운영증명을 받은 공항운영자는 공항안전운영기준 및 공항운영규정에 따라 공항의 안전운영체계를 지속적으로 유지하여야 하며, 국토교통부장관은 이에 대한 준수 여부를 정기 또는 수시로 검사하여야 한다.

② 국토교통부장관은 제1항에 따른 검사 결과 공항운영자가 공항안전운영기준 또는 공항운영규정을 위반하여 공항을 운영한 경우에는 국토교통부령으로 정하는 바에 따라 시정조치를 명할 수 있다.

제41조(공항운영증명 취소 등) ① 국토교통부장관은 공항운영증명을 받은 공항운영자가 다음 각 호의 어느 하나에 해당하는 경우 공항운영증명을 취소하거나 6개월 이내의 기간을 정하여 공항운영의 정지 또는 그 밖에 필요한 보완조치를 명할 수 있다. 다만, 제1호에 해당하는 경우에는 공항운영증명을 취소하여야 한다.

1. 거짓이나 그 밖의 부정한 방법으로 공항운영증명을 받은 경우
2. 「항공안전법」 제58조제2항을 위반하여 다음 각 목의 어느 하나에 해당하는 경우
   가. 사업을 시작하기 전까지 항공안전관리시스템을 마련하지 아니한 경우
   나. 승인을 받지 아니하고 항공안전관리시스템을 운용한 경우
   다. 항공안전관리시스템을 승인받은 내용과 다르게 운용한 경우
   라. 승인을 받지 아니하고 안전목표·안전조직 및 안전장애 보고체계 등 국토교통부령으로 정하는 중요 사항을 변경한 경우

3. 제40조제2항에 따른 시정조치를 이행하지 아니한 경우

4. 천재지변 등 정당한 사유 없이 공항안전운영기준을 위반하여 공항안전에 위험을 초래한 경우

5. 고의 또는 중대한 과실로 항공기사고가 발생하거나 공항종사자를 관리·감독하는 상당한 주의의무를 게을리함으로써 항공기사고가 발생한 경우

② 제1항에 따른 처분의 기준 및 절차 등에 관하여 필요한 사항은 국토교통부령으로 정한다.

제42조(사업시행자등의 지위승계) ① 국토교통부장관 외의 비행장개발 사업시행자(비행장시설을 관리·운영하는 자를 포함한다)의 지위를 승계하려는 자는 국토교통부령으로 정하는 바에 따라 국토교통부장관에게 지위승계를 신고하여야 한다. 〈개정 2018. 12. 18.〉

② 국토교통부장관은 제1항에 따른 신고를 받은 날부터 15일 이내에 신고수리 여부를 신고인에게 통지하여야 한다. 〈신설 2018. 12. 18.〉

③ 국토교통부장관이 제2항에서 정한 기간 내에 신고수리 여부 또는 민원 처리 관련 법령에 따른 처리기간의 연장을 신고인에게 통지하지 아니하면 그 기간(민원 처리 관련 법령에 따라 처리기간이 연장 또는 재연장된 경우에는 해당 처리기간을 말한다)이 끝난 날의 다음 날에 신고를 수리한 것으로 본다. 〈신설 2018. 12. 18.〉

제4장 항행안전시설

제43조(항행안전시설의 설치) ① 항행안전시설(제6조에 따른 개발사업으로 설치하는 항행안전시설 외의 것을 말한다. 이하 이 조부터 제46조까지에서 같다)은 국토교통부장관이 설치한다.

② 국토교통부장관 외에 항행안전시설을 설치하려는 자는 국토교통부령으로 정하는 바에 따라 국토교통부장관의 허가를 받아야 한

다. 이 경우 국토교통부장관은 항행안전시설의 설치를 허가할 때 해당 시설을 국가에 귀속시킬 것을 조건으로 하거나 그 시설의 설치 및 운영 등에 필요한 조건을 붙일 수 있다.

③ 국토교통부장관은 제2항 전단에 따른 허가의 신청을 받은 날부터 15일 이내에 허가 여부를 신청인에게 통지하여야 한다. 〈신설 2018. 12. 18.〉

④ 제2항에 따라 국가에 귀속된 항행안전시설의 사용·수익에 관하여는 제22조를 준용한다. 〈개정 2018. 12. 18.〉

⑤ 제1항 및 제2항에 따른 항행안전시설의 설치기준, 허가기준 등 항행안전시설 설치에 필요한 사항은 국토교통부령으로 정한다. 〈개정 2018. 12. 18.〉

제44조(항행안전시설 설치 실시계획의 수립·승인 등) ① 제43조제1항 및 제2항에 따라 항행안전시설을 설치하려는 자(이하 "항행안전시설설치자"라 한다)는 대통령령으로 정하는 바에 따라 항행안전시설 설치를 시작하기 전에 실시계획을 수립하여야 한다.

② 제1항에 따른 실시계획에는 다음 각 호의 사항이 포함되어야 한다.

1. 사업시행에 필요한 설계도서
2. 자금조달계획
3. 시행기간
4. 그 밖에 국토교통부령으로 정하는 사항

③ 제43조제2항에 따른 항행안전시설설치자가 실시계획을 수립한 경우에는 국토교통부장관의 승인을 받아야 한다. 승인받은 사항을 변경하려는 경우에도 또한 같다.

④ 제43조제2항에 따른 항행안전시설설치자는 제3항 후단에도 불구하고 구조의 변경을 수반하지 아니하고 안전에 지장이 없는 시설물의 변경 등 국토교통부령으로 정하는 경미한 사항의 변경은 제45

조에 따른 완성검사를 신청할 때 한꺼번에 신고할 수 있다.

⑤ 국토교통부장관은 제1항에 따라 실시계획을 수립하거나 제3항에 따라 실시계획을 승인한 경우에는 그 항행안전시설의 명칭, 종류, 위치 등 국토교통부령으로 정하는 사항을 고시하여야 한다.

제45조(항행안전시설의 완성검사) ① 제43조제2항에 따른 항행안전시설설치자는 해당 시설의 공사가 끝난 경우에는 사용 개시 이전에 국토교통부령으로 정하는 바에 따라 국토교통부장관의 완성검사를 받아야 한다.

② 제43조제2항에 따른 항행안전시설설치자는 제1항에 따른 완성검사를 신청하기 전에 제48조에 따른 비행검사를 받아야 한다.

③ 국토교통부장관은 제1항에 따라 완성검사를 받으려는 항행안전시설이 제44조제3항에 따른 승인 내용대로 시행되었다고 인정되는 경우에는 그 신청인에게 완성검사확인증을 발급하여야 한다.

④ 국토교통부장관은 항행안전시설 설치에 관한 공사를 끝냈거나 제3항에 따라 완성검사확인증을 발급하였을 때에는 항행안전시설의 명칭, 종류, 위치 및 사용 개시 예정일, 항행안전시설의 운용시간, 운용주파수, 이용상 제한사항 등 국토교통부령으로 정하는 사항을 지정 · 고시하여야 한다.

⑤ 제3항에 따라 완성검사확인증을 발급 받기 전에는 항행안전시설 설치허가를 받아 설치한 항행안전시설을 사용해서는 아니 된다. 다만, 완성검사확인증을 발급 받기 전에 국토교통부령으로 정하는 바에 따라 국토교통부장관으로부터 사용허가를 받은 경우에는 그러하지 아니하다.

제46조(항행안전시설의 변경) ① 제43조제2항에 따른 항행안전시설설치자 및 그 시설을 관리 · 운영하는 자는 해당 시설에 대하여 국토교통부령으로 정하는 사항을 변경하려는 경우에는 국토교통부령으로 정하는 바에 따라 국토교통부장관의 허가를 받아야 한다.

② 국토교통부장관은 제1항에 따른 변경허가의 신청을 받은 날부터 15일 이내에 허가 여부를 신청인에게 통지하여야 한다. 〈신설 2018. 12. 18.〉

③ 제1항에 따라 변경허가를 받은 자는 항행안전시설의 변경이 완료되면 제45조제1항에 따른 완성검사를 받아야 한다. 이 경우 제45조제2항부터 제4항까지의 규정을 준용한다. 〈개정 2018. 12. 18.〉

제47조(항행안전시설의 관리) ① 제6조에 따른 개발사업으로 항행안전시설을 설치하는 자 및 그 시설을 관리하는 자와 제43조제1항 및 제2항에 따라 항행안전시설을 설치하는 자 및 그 시설을 관리하는 자(이하 "항행안전시설설치자등"이라 한다)는 국토교통부령으로 정하는 항행안전시설의 관리·운용 및 사용기준(이하 "항행안전시설관리기준"이라 한다)에 따라 그 시설을 관리하여야 한다.

② 국토교통부장관은 대통령령으로 정하는 바에 따라 항행안전시설이 항행안전시설관리기준에 맞게 관리되는지를 확인하기 위하여 필요한 검사를 하여야 한다.

③ 제2항에 따른 검사의 방법, 절차 등은 국토교통부장관이 정하여 고시한다.

④ 이 법에서 규정한 사항 외에 항행안전시설의 관리·운영 및 사용 등에 필요한 사항은 국토교통부령으로 정한다.

제48조(항행안전시설의 비행검사) ① 항행안전시설설치자등은 국토교통부장관이 항행안전시설의 성능을 분석할 수 있는 장비를 탑재한 항공기를 이용하여 실시하는 항행안전시설의 성능 등에 관한 검사(이하 "비행검사"라 한다)를 받아야 한다.

② 비행검사의 종류, 대상시설, 절차 및 방법 등에 관하여 필요한 사항은 국토교통부장관이 정하여 고시한다.

제49조(항행안전시설 사용의 휴지·폐지·재개) ① 국토교통부장관

외의 항행안전시설설치자등은 항행안전시설의 사용을 휴지 또는 폐지하려는 경우에는 국토교통부장관의 승인을 받아야 한다. 다만, 항공기의 항행이나 비행 안전에 영향을 초래하지 아니하는 시설 등 국토교통부령으로 정하는 시설은 그러하지 아니하다.

② 국토교통부장관 외의 항행안전시설설치자등은 휴지 또는 폐지한 항행안전시설의 사용을 재개하려는 경우에는 비행검사에 합격한 후 사용 개시 예정일 15일 이전에 국토교통부장관의 승인을 받아야 한다. 이 경우 국토교통부장관은 항행안전시설관리기준에 따라 검사하여야 한다.

③ 국토교통부장관은 제1항 및 제2항에 따른 항행안전시설의 휴지·폐지 또는 재개에 관한 사항을 고시하여야 한다.

제50조(항행안전시설 사용료) ① 항행안전시설설치자등은 국토교통부령으로 정하는 바에 따라 항행안전시설을 사용하거나 이용하는 자에게 사용료(이하 "항행안전시설 사용료"라 한다)를 받을 수 있다.

② 국토교통부장관 외의 항행안전시설설치자등이 제1항에 따라 항행안전시설 사용료를 받으려면 그 사용료의 금액을 정하여 국토교통부장관에게 신고하여야 한다. 항행안전시설 사용료를 변경하려는 경우에도 또한 같다.

③ 국토교통부장관은 제2항에 따른 신고를 받은 날부터 10일 이내에 신고수리 여부를 신고인에게 통지하여야 한다. 〈신설 2018. 12. 18.〉

④ 국토교통부장관이 제3항에서 정한 기간 내에 신고수리 여부 또는 민원 처리 관련 법령에 따른 처리기간의 연장을 신고인에게 통지하지 아니하면 그 기간(민원 처리 관련 법령에 따라 처리기간이 연장 또는 재연장된 경우에는 해당 처리기간을 말한다)이 끝난 날의 다음 날에 신고를 수리한 것으로 본다. 〈신설 2018. 12. 18.〉

⑤ 항행안전시설 사용료의 징수절차, 징수방법 및 징수요율 등은

국토교통부령으로 정한다. 〈개정 2018. 12. 18.〉

제51조(항행안전시설설치자등의 지위승계) ① 국토교통부장관 외의 항행안전시설설치자등의 지위를 승계하려는 자는 국토교통부령으로 정하는 바에 따라 국토교통부장관에게 지위승계를 신고하여야 한다. 〈개정 2018. 12. 18.〉

② 국토교통부장관은 제1항에 따른 신고를 받은 날부터 15일 이내에 신고수리 여부를 신고인에게 통지하여야 한다. 〈신설 2018. 12. 18.〉

③ 국토교통부장관이 제2항에서 정한 기간 내에 신고수리 여부 또는 민원 처리 관련 법령에 따른 처리기간의 연장을 신고인에게 통지하지 아니하면 그 기간(민원 처리 관련 법령에 따라 처리기간이 연장 또는 재연장된 경우에는 해당 처리기간을 말한다)이 끝난 날의 다음 날에 신고를 수리한 것으로 본다. 〈신설 2018. 12. 18.〉

제52조(항행안전시설의 성능적합증명) ① 항행안전무선시설, 항공정보통신시설을 제작하거나 수입하는 자는 국토교통부령으로 정하는 바에 따라 국토교통부장관으로부터 그 시설이 국토교통부장관이 정하여 고시하는 항행안전시설에 관한 기술기준에 맞게 제작되었다는 증명(이하 "성능적합증명"이라 한다)을 받을 수 있다.

② 국토교통부장관은 성능적합증명을 위한 검사를 하는 경우에는 국토교통부령으로 정하는 바에 따라 항공 관련 업무를 수행하는 전문검사기관을 지정하여 검사업무를 대행하게 할 수 있다.

제53조(항공통신업무 등) ① 국토교통부장관은 항공교통업무가 효율적으로 수행되고, 항공안전에 필요한 정보·자료가 항공통신망을 통하여 편리하고 신속하게 제공·교환·관리될 수 있도록 항공통신에 관한 업무(이하 "항공통신업무"라 한다)를 수행하여야 한다.

② 항공통신업무의 종류, 운영절차 등에 관하여 필요한 사항은 국토교통부령으로 정한다.

제54조(항행안전시설 설치에 관한 준용 규정) ① 제6조에 따른 개발사업으로 설치하는 항행안전시설에 관하여는 제43조제5항, 제44조제5항, 제45조 및 제46조를 준용한다. 이 경우 “항행안전시설설치자”는 “사업시행자”로 본다. 〈개정 2018. 12. 18.〉

② 제43조에 따른 항행안전시설의 설치에 관하여는 제8조 및 제11조부터 제13조까지의 규정을 준용한다. 이 경우 “제7조에 따른 실시계획”은 “제44조에 따른 실시계획”으로 보며, “사업시행자”는 “항행안전시설설치자”로 본다.

제5장 보칙

제55조(출입·검사 등) ① 국토교통부장관은 이 법 시행을 위하여 필요한 경우에는 사업시행자등, 항공관련업무 수행단체 또는 항행안전시설설치자등에 대하여 그 업무에 관하여 필요한 보고를 하게 하거나 자료의 제출을 명할 수 있으며, 소속 공무원으로 하여금 사무실이나 그 밖의 장소에 출입하여 그 업무를 검사하게 할 수 있다. 〈개정 2024. 2. 13.〉

② 제1항에 따라 검사를 하는 공무원은 그 권한을 표시하는 증표를 지니고 관계인에게 보여주어야 한다.

③ 제2항에 따른 증표에 관하여 필요한 사항은 국토교통부령으로 정한다.

제56조(금지행위) ① 누구든지 국토교통부장관, 사업시행자등 또는 항행안전시설설치자등의 허가 없이 착륙대, 유도로(誘導路), 계류장(繫留場), 격납고(格納庫) 또는 항행안전시설이 설치된 지역에 출입해서는 아니 된다.

② 누구든지 활주로, 유도로 등 그 밖에 국토교통부령으로 정하는 공항시설·비행장시설 또는 항행안전시설을 파손하거나 이들의 기능을 해칠 우려가 있는 행위를 해서는 아니 된다.

③ 누구든지 항공기, 경량항공기 또는 초경량비행장치를 향하여 물건을 던지거나 그 밖에 항행에 위험을 일으킬 우려가 있는 행위를 해서는 아니 된다. 다만, 다음 각 호의 어느 하나에 해당하는 자는 「항공안전법」 제127조의 비행승인(같은 조 제2항 단서에 따라 제한된 범위에서 비행하려는 경우를 포함한다)을 받지 아니한 초경량비행장치가 공항 또는 비행장에 접근하거나 침입한 경우 해당 비행장치를 퇴치·추락·포획하는 등 항공안전에 필요한 조치(이하 "퇴치등"이라 한다)를 할 수 있다. 〈개정 2020. 12. 8., 2024. 2. 13.〉

1. 국가 또는 지방자치단체
2. 공항운영자
3. 비행장시설을 관리·운영하는 자

④ 누구든지 항행안전시설과 유사한 기능을 가진 시설을 항공기 항행을 지원할 목적으로 설치·운영해서는 아니 된다.

⑤ 항공기와 조류의 충돌을 예방하기 위하여 누구든지 항공기가 이륙·착륙하는 방향의 공항 또는 비행장 주변지역 등 국토교통부령으로 정하는 범위에서 공항 주변에 새들을 유인할 가능성이 있는 오물처리장 등 국토교통부령으로 정하는 환경을 만들거나 시설을 설치해서는 아니 된다.

⑥ 누구든지 국토교통부장관, 사업시행자등, 항행안전시설설치자등 또는 이착륙장을 설치·관리하는 자의 승인 없이 해당 시설에서 다음 각 호의 어느 하나에 해당하는 행위를 해서는 아니 된다.

1. 영업행위
2. 시설을 무단으로 점유하는 행위
3. 상품 및 서비스의 구매를 강요하거나 영업을 목적으로 손님을 부르는 행위
4. 그 밖에 제1호부터 제3호까지의 행위에 준하는 행위로서 해당

시설의 이용이나 운영에 현저하게 지장을 주는 대통령령으로 정하는 행위

⑦ 국토교통부장관, 사업시행자등, 항행안전시설설치자등, 이착륙장을 설치·관리하는 자, 경찰공무원(의무경찰을 포함한다) 또는 자치경찰공무원은 제6항을 위반하는 자의 행위를 제지(制止)하거나 퇴거(退去)를 명할 수 있다. 〈개정 2017. 12. 26., 2020. 12. 22.〉

제56조(금지행위) ① 누구든지 국토교통부장관, 사업시행자등 또는 항행안전시설설치자등의 허가 없이 착륙대, 유도로(誘導路), 계류장(繫留場), 격납고(格納庫) 또는 항행안전시설이 설치된 지역에 출입해서는 아니 된다.

② 누구든지 활주로, 유도로 등 그 밖에 국토교통부령으로 정하는 공항시설·비행장시설 또는 항행안전시설을 파손하거나 이들의 기능을 해칠 우려가 있는 행위를 해서는 아니 된다.

③ 누구든지 항공기, 경량항공기 또는 초경량비행장치를 향하여 물건을 던지거나 그 밖에 항행에 위험을 일으킬 우려가 있는 행위를 해서는 아니 된다. 다만, 다음 각 호의 어느 하나에 해당하는 자는 「항공안전법」 제127조의 비행승인(같은 조 제2항 단서에 따라 제한된 범위에서 비행하려는 경우를 포함한다)을 받지 아니한 초경량비행장치가 공항 또는 비행장에 접근하거나 침입한 경우 해당 비행장치를 퇴치·추락·포획하는 등 항공안전에 필요한 조치(이하 "퇴치등"이라 한다)를 할 수 있다. 〈개정 2020. 12. 8., 2024. 2. 13.〉

1. 국가 또는 지방자치단체
2. 공항운영자
3. 비행장시설을 관리·운영하는 자

④ 누구든지 항행안전시설과 유사한 기능을 가진 시설을 항공기 항행을 지원할 목적으로 설치·운영해서는 아니 된다.

⑤ 조류충돌을 예방하기 위하여 누구든지 항공기가 이륙·착륙하

는 방향의 공항 또는 비행장 주변지역 등 국토교통부령으로 정하는 범위에서 공항 주변에 새들을 유인할 가능성이 있는 오물처리장 등 국토교통부령으로 정하는 환경을 만들거나 시설을 설치해서는 아니 된다. 〈개정 2025. 8. 26.〉

⑥ 누구든지 국토교통부장관, 사업시행자등, 항행안전시설설치자등 또는 이착륙장을 설치·관리하는 자의 승인 없이 해당 시설에서 다음 각 호의 어느 하나에 해당하는 행위를 해서는 아니 된다.

1. 영업행위

2. 시설을 무단으로 점유하는 행위

3. 상품 및 서비스의 구매를 강요하거나 영업을 목적으로 손님을 부르는 행위

4. 그 밖에 제1호부터 제3호까지의 행위에 준하는 행위로서 해당 시설의 이용이나 운영에 현저하게 지장을 주는 대통령령으로 정하는 행위

⑦ 국토교통부장관, 사업시행자등, 항행안전시설설치자등, 이착륙장을 설치·관리하는 자, 경찰공무원(의무경찰을 포함한다) 또는 자치경찰공무원은 제6항을 위반하는 자의 행위를 제지(制止)하거나 퇴거(退去)를 명할 수 있다. 〈개정 2017. 12. 26., 2020. 12. 22.〉

[시행일: 2026. 2. 27.] 제56조

제56조의2(면책) 제56조제3항 각 호의 자에 소속된 공무원 또는 임직원이 퇴치등을 행하여 타인을 사상(死傷)에 이르게 한 경우 그 퇴치등이 불가피하고 퇴치등을 행한 공무원 또는 임직원에게 고의 또는 중과실이 없는 때에는 그 정상을 참작하여 사상에 대한 형사책임을 감경하거나 면제할 수 있다.

[본조신설 2024. 2. 13.]

제56조의3(손실보상) ① 국가, 지방자치단체, 공항운영자 또는 비행장시설을 관리·운영하는 자는 퇴치등으로 인하여 손실을 입은 자에

대하여 그 손실을 보상하여야 한다.

② 제1항에 따라 국가, 지방자치단체, 공항운영자 또는 비행장시설을 관리ㆍ운영하는 자가 손실을 보상한 경우 퇴치등의 대상인 초경량비행장치를 사용하여 비행한 자에 대하여 구상권을 행사할 수 있다.

③ 제1항에 따른 손실보상의 구체적인 대상ㆍ절차 등과 제2항에 따른 구상권 행사의 절차ㆍ방법 등에 필요한 사항은 대통령령으로 정한다.

[본조신설 2024. 2. 13.]

제56조의4(협의매수 등) ① 국가, 지방자치단체, 공항운영자 또는 비행장시설을 관리ㆍ운영하는 자는 조류충돌을 예방하기 위하여 필요하다고 인정되는 경우에는 제56조제5항에 따른 새들을 유인할 가능성이 있는 환경이나 시설이 있는 토지ㆍ건축물 또는 그 토지에 정착된 물건을 소유자와 협의하여 매수할 수 있으며, 토지의 경우 국가와 지방자치단체는 국유지 또는 공유지와 교환할 수 있다.

② 제1항에 따른 토지ㆍ건축물 또는 그 토지에 정착된 물건의 매수가격 산정 등에 관하여는 이 법에 특별한 규정이 있는 경우를 제외하고는 「공익사업을 위한 토지 등의 취득 및 보상에 관한 법률」을 준용한다.

③ 제1항에 따른 국유지 또는 공유지와의 교환에 필요한 절차 등에 관하여는 「국유재산법」 또는 「공유재산 및 물품 관리법」을 준용한다.

[본조신설 2025. 8. 26.]

[시행일: 2026. 2. 27.] 제56조의4

제57조(시정명령 등) 국토교통부장관은 다음 각 호의 어느 하나에 해당하는 경우에는 사업시행자등 또는 국토교통부장관 외의 항행안전시설설치자등에게 적합한 조치를 하도록 명령하거나 해당 시설을

시설관리기준 또는 항행안전시설관리기준에 따라 관리할 것을 명령할 수 있다. 이 경우 국토교통부장관은 명령을 받은 자가 국토교통부장관이 정하는 상당한 기간 내에 적합한 조치를 하지 아니하는 경우에는 해당 허가를 취소할 수 있다.

1. 정당한 사유 없이 실시계획 승인 신청서에 적힌 공사 착수 예정일부터 1년 이내에 착공하지 아니하거나 정당한 사유 없이 공사 완료 예정일까지 공사를 끝내지 아니한 경우

2. 제20조제1항에 따른 준공확인 또는 제45조제1항에 따른 완성검사 결과 공사를 끝낸 시설이 실시계획 승인 내용과 다른 경우

3. 공항시설·비행장시설 또는 항행안전시설이 시설관리기준 또는 항행안전시설관리기준에 따라 관리되지 아니한 경우

4. 허가에 붙인 조건을 위반한 경우

제58조(허가 등의 취소 등) ① 국토교통부장관은 사업시행자 또는 항행안전시설설치자가 다음 각 호의 어느 하나에 해당하는 경우에는 그 사업의 시행 및 관리에 관한 허가 또는 승인을 취소하거나 그 효력의 정지, 공사의 중지 명령 등의 필요한 처분을 할 수 있다. 다만, 제1호 또는 제4호에 해당하는 경우에는 그 사업의 시행 및 관리에 관한 허가 또는 승인을 취소하여야 한다.

1. 거짓이나 그 밖의 부정한 방법으로 허가를 받은 경우

2. 제7조제3항 또는 제44조제3항을 위반하여 국토교통부장관 외의 사업시행자 또는 항행안전시설설치자가 승인을 받지 아니하고 실시계획을 수립하거나 승인받은 사항을 변경한 경우

3. 제7조제3항 또는 제44조제3항에 따라 승인 또는 변경승인을 받은 실시계획을 위반한 경우

4. 사정 변경으로 개발사업 또는 항행안전시설의 설치를 계속 시행하는 것이 불가능하다고 인정되는 경우

② 국토교통부장관은 제1항에 따른 처분 또는 명령을 하였을 때

에는 대통령령으로 정하는 바에 따라 그 사실을 고시하여야 한다.

③ 제1항에 따른 처분의 세부기준 및 그 밖에 필요한 사항은 국토교통부령으로 정한다.

제59조(과징금의 부과) ① 국토교통부장관은 공항운영자 또는 사업시행자·항행안전시설설치자에게 제41조제1항 각 호의 어느 하나에 해당하여 공항운영의 정지를 명하여야 하거나 제58조에 따라 사업의 시행 및 관리에 관한 허가·승인의 효력 정지, 공사의 중지를 명하여야 하는 경우로서 그 처분이 해당 시설의 이용자에게 심한 불편을 주거나 그 밖에 공익을 침해할 우려가 있을 때에는 그 처분을 갈음하여 10억원 이하의 과징금을 부과·징수할 수 있다.

② 제1항에 따라 과징금을 부과하는 위반행위의 종류와 위반정도에 따른 과징금의 금액 등에 관하여 필요한 사항은 대통령령으로 정한다.

③ 국토교통부장관은 제1항에 따른 과징금을 내야 할 자가 납부기한까지 과징금을 내지 아니하면 국세 체납처분의 예에 따라 징수한다.

제60조(수수료) ① 이 법에 따른 허가, 증명 또는 검사를 받으려는 자는 국토교통부령으로 정하는 수수료를 내야 한다.

② 이 법에 따른 허가, 증명 또는 검사를 위하여 현지출장이 필요한 경우에는 그 출장에 드는 여비를 신청인이 내야 한다. 이 경우 여비의 기준은 국토교통부령으로 정한다.

제61조(권한의 위임·위탁) ① 국토교통부장관은 이 법에 따른 권한의 일부를 대통령령으로 정하는 바에 따라 국토교통부장관 소속 기관의 장, 시·도지사 또는 시장·군수·구청장에게 위임할 수 있다. 〈개정 2022. 6. 10.〉

② 국토교통부장관은 제47조제1항에 따른 항행안전시설의 관리·운영 업무를 대통령령으로 정하는 바에 따라 공항운영자나 항행안전

시설 관련 기관 또는 단체에 위탁할 수 있다. 〈신설 2022. 6. 10.〉
[제목개정 2022. 6. 10.]

제62조(청문) 국토교통부장관은 다음 각 호의 어느 하나에 해당하는 처분을 하려면 청문을 하여야 한다. 〈개정 2017. 12. 26.〉

1. 제25조제6항 또는 제57조에 따른 허가의 취소
2. 제25조제7항 또는 제58조제1항에 따른 허가·승인의 취소
3. 제41조제1항에 따른 공항운영증명의 취소 또는 공항운영의 정지

제63조(규제의 재검토) 국토교통부장관은 제37조제1항에 따른 유사등화의 설치 제한에 관한 사항에 대하여 2016년 1월 1일을 기준으로 3년마다(매 3년이 되는 해의 기준일과 같은 날 전까지를 말한다) 그 타당성을 검토하여 폐지, 완화 또는 유지 등의 조치를 하여야 한다.

제6장 벌칙

제64조(공항운영증명에 관한 죄) 제38조를 위반하여 공항운영증명을 받지 아니하고 공항을 운영한 자는 3년 이하의 징역 또는 3천만원 이하의 벌금에 처한다.

제65조(개발사업에 따른 시설의 불법 사용 등의 죄) 다음 각 호의 어느 하나에 해당하는 자는 2천만원 이하의 벌금에 처한다.

1. 제6조제2항 또는 제43조제2항을 위반하여 허가를 받지 아니하고 시설을 설치한 자
2. 제20조제7항 또는 제45조제5항(제54조제1항에서 준용하는 경우를 포함한다)을 위반하여 시설을 사용한 자
3. 제34조제1항을 위반한 자
4. 제56조제1항부터 제4항까지의 규정을 위반한 자
5. 제57조에 따라 허가가 취소된 시설을 사용한 자

제66조(명령 등의 위반 죄) 다음 각 호의 어느 하나에 해당하는 자

는 1년 이하의 징역 또는 1천만원 이하의 벌금에 처한다. 〈개정 2017. 12. 26.〉

1. 제10조제1항에 따라 허가 또는 변경허가를 받아야 할 사항을 허가 또는 변경허가를 받지 아니하고 건축물의 건축 등의 행위를 하거나 거짓 또는 부정한 방법으로 허가를 받은 자

2. 정당한 사유 없이 제11조제1항(제54조제2항에서 준용하는 경우를 포함한다)에 따른 행위를 방해하거나 거부한 자

3. 제25조제8항에 따른 명령을 위반한 자

4. 정당한 사유 없이 제57조 및 제58조제1항에 따른 국토교통부장관의 명령 또는 처분을 위반한 자

제67조(업무방해 죄) 다음 각 호의 어느 하나에 해당하는 자는 500만원 이하의 벌금에 처한다.

1. 제31조제2항, 제40조제1항, 제47조제2항 및 제48조제1항에 따른 검사를 거부·방해하거나 기피한 자

2. 제55조제1항에 따른 검사 또는 출입을 거부 또는 방해하거나 보고를 거짓으로 한 자 및 기피한 자

제67조의2(제지·퇴거명령에 대한 불이행의 죄) 제56조제7항에 따른 명령에 따르지 아니한 자는 20만원 이하의 벌금이나 구류 또는 과료(科料)에 처한다.

[본조신설 2018. 2. 21.]

제68조(양벌규정) 법인의 대표자나 법인 또는 개인의 대리인, 사용인, 그 밖의 종업원이 그 법인 또는 개인의 업무에 관하여 제65조부터 제67조까지 및 제67조의2의 위반행위를 하면 행위자를 벌하는 외에 그 법인 또는 개인에게도 해당 조문의 벌금형을 과(科)한다. 다만, 법인 또는 개인이 그 위반행위를 방지하기 위하여 해당 업무에 관하여 상당한 주의와 감독을 게을리하지 아니한 경우에는 그러하지 아니하다. 〈개정 2018. 2. 21.〉

第69조(과태료) ① 다음 각 호의 어느 하나에 해당하는 자에게는 500만원 이하의 과태료를 부과한다. 〈개정 2017. 8. 9., 2017. 12. 26.〉

1. 제25조제5항을 위반하여 준공확인증명서를 받기 전에 이착륙장을 사용하거나 사용허가를 받지 아니하고 이착륙장을 사용한 자

2. 제32조제2항 또는 제50조제2항에 따라 사용료를 신고 또는 승인을 받지 아니하거나 신고 또는 승인한 사용료와 다르게 사용료를 받은 자

3. 제36조제1항ㆍ제2항ㆍ제7항에 따라 표시등 및 표지를 설치 또는 관리하지 아니한 자

4. 제39조제1항을 위반하여 인가를 받지 아니하고 공항운영규정을 변경한 공항운영자

5. 제39조제3항을 위반하여 공항운영규정을 변경하지 아니한 공항운영자

6. 제40조제1항을 위반하여 공항안전운영기준 및 공항운영규정에 따라 공항의 안전운영체계를 지속적으로 유지하지 아니한 공항운영자

7. 삭제 〈2018. 2. 21.〉

② 다음 각 호의 어느 하나에 해당하는 자에게는 400만원 이하의 과태료를 부과한다. 〈신설 2024. 2. 13.〉

1. 제31조의2제1항제1호를 위반하여 승인을 받지 아니한 사람에게 차량을 운전하거나 장비 등을 사용하도록 한 자

2. 제31조의2제1항제2호를 위반하여 등록되지 아니한 차량을 사용하도록 한 자

3. 제31조의2제1항제6호를 위반하여 안전검사를 실시하지 아니한 자

4. 제31조의2제3항을 위반하여 교육을 실시하지 아니한 자

5. 제31조의2제4항을 위반하여 특별안전교육 실시 요청에 특별한 사유 없이 따르지 아니한 자

③ 다음 각 호의 어느 하나에 해당하는 자에게는 200만원 이하의 과태료를 부과한다. 〈개정 2017. 8. 9., 2024. 2. 13.〉

1. 제31조의2제1항제3호를 위반하여 항공관련업무종사자에게 위험물을 지정구역이 아닌 곳에 주차, 보관 또는 저장하도록 한 자

2. 제31조의2제1항제5호를 위반하여 차량 및 장비가 정원 및 적재량을 초과하여 사용되도록 한 자

3. 제36조제5항 또는 제6항을 위반하여 표시등 또는 표지의 설치·변경·철거에 관한 신고를 하지 아니한 자

4. 제37조제2항에 따른 명령을 위반한 자

5. 제39조제2항을 위반하여 신고를 하지 아니하고 공항운영규정을 변경한 공항운영자

④ 다음 각 호의 어느 하나에 해당하는 자에게는 100만원 이하의 과태료를 부과한다. 〈신설 2024. 2. 13.〉

1. 제31조의2제1항제4호를 위반하여 지상안전사고가 발생한 사실을 즉시 신고하지 아니한 자

2. 제31조의2제1항제7호에 따라 지상안전사고의 예방과 차량 및 장비의 안전운행에 관하여 정한 기준을 위반한 자

⑤ 다음 각 호의 어느 하나에 해당하는 자에게는 50만원 이하의 과태료를 부과한다. 〈신설 2024. 2. 13.〉

1. 제31조의3제1항제1호를 위반하여 사전 승인을 받지 아니하고 차량을 운전하거나 장비 등을 사용한 자

2. 제31조의3제1항제2호를 위반하여 차량 및 장비를 정원 및 적재량을 초과하여 사용한 자

3. 제31조의3제1항제3호 각 목에서 정하는 지상안전관리기준을 위반한 자

4. 제31조의3제1항제4호를 위반하여 교통안전 관련 시설 또는 표지를 훼손한 자

5. 제31조의3제1항제5호를 위반하여 장비, 부품, 이물질 등을 활주로 및 유도로 등에 방치하거나 지정구역이 아닌 장소에 위험물을 보관 또는 저장한 자

6. 제31조의3제1항제6호를 위반하여 지상안전사고가 발생한 사실을 즉시 신고하지 아니한 자

7. 제31조의3제1항제7호를 위반하여 보호구역에서 흡연, 음주 또는 환각제 복용을 하거나 음주 또는 환각제 복용 상태에서 업무를 수행한 자

8. 제31조의3제1항제8호에 따라 지상안전사고의 예방과 차량 및 장비의 안전운행에 관하여 정한 기준을 위반한 자

⑥ 제1항부터 제5항까지에 따른 과태료는 대통령령으로 정하는 바에 따라 국토교통부장관이 부과 · 징수한다. 〈개정 2024. 2. 13.〉

제69조(과태료) ① 다음 각 호의 어느 하나에 해당하는 자에게는 500만원 이하의 과태료를 부과한다. 〈개정 2017. 8. 9., 2017. 12. 26., 2018. 2. 21., 2025. 8. 26.〉

1. 제25조제5항을 위반하여 준공확인증명서를 받기 전에 이착륙장을 사용하거나 사용허가를 받지 아니하고 이착륙장을 사용한 자

2. 제32조제2항 또는 제50조제2항에 따라 사용료를 신고 또는 승인을 받지 아니하거나 신고 또는 승인한 사용료와 다르게 사용료를 받은 자

3. 제36조제1항 · 제2항 · 제7항에 따라 표시등 및 표지를 설치 또는 관리하지 아니한 자

4. 제39조제1항을 위반하여 인가를 받지 아니하고 공항운영규정을 변경한 공항운영자

5. 제39조제3항을 위반하여 공항운영규정을 변경하지 아니한 공

항운영자

6. 제40조제1항을 위반하여 공항안전운영기준 및 공항운영규정에 따라 공항의 안전운영체계를 지속적으로 유지하지 아니한 공항운영자

7. 제56조제5항을 위반하여 공항 주변에 새들을 유인할 가능성이 있는 환경을 만들거나 시설을 설치한 자

② 다음 각 호의 어느 하나에 해당하는 자에게는 400만원 이하의 과태료를 부과한다. 〈신설 2024. 2. 13.〉

1. 제31조의2제1항제1호를 위반하여 승인을 받지 아니한 사람에게 차량을 운전하거나 장비 등을 사용하도록 한 자

2. 제31조의2제1항제2호를 위반하여 등록되지 아니한 차량을 사용하도록 한 자

3. 제31조의2제1항제6호를 위반하여 안전검사를 실시하지 아니한 자

4. 제31조의2제3항을 위반하여 교육을 실시하지 아니한 자

5. 제31조의2제4항을 위반하여 특별안전교육 실시 요청에 특별한 사유 없이 따르지 아니한 자

③ 다음 각 호의 어느 하나에 해당하는 자에게는 200만원 이하의 과태료를 부과한다. 〈개정 2017. 8. 9., 2024. 2. 13.〉

1. 제31조의2제1항제3호를 위반하여 항공관련업무종사자에게 위험물을 지정구역이 아닌 곳에 주차, 보관 또는 저장하도록 한 자

2. 제31조의2제1항제5호를 위반하여 차량 및 장비가 정원 및 적재량을 초과하여 사용되도록 한 자

3. 제36조제5항 또는 제6항을 위반하여 표시등 또는 표지의 설치·변경·철거에 관한 신고를 하지 아니한 자

4. 제37조제2항에 따른 명령을 위반한 자

5. 제39조제2항을 위반하여 신고를 하지 아니하고 공항운영규정을 변경한 공항운영자

④ 다음 각 호의 어느 하나에 해당하는 자에게는 100만원 이하의

과태료를 부과한다. 〈신설 2024. 2. 13.〉

1. 제31조의2제1항제4호를 위반하여 지상안전사고가 발생한 사실을 즉시 신고하지 아니한 자

2. 제31조의2제1항제7호에 따라 지상안전사고의 예방과 차량 및 장비의 안전운행에 관하여 정한 기준을 위반한 자

⑤ 다음 각 호의 어느 하나에 해당하는 자에게는 50만원 이하의 과태료를 부과한다. 〈신설 2024. 2. 13.〉

1. 제31조의3제1항제1호를 위반하여 사전 승인을 받지 아니하고 차량을 운전하거나 장비 등을 사용한 자

2. 제31조의3제1항제2호를 위반하여 차량 및 장비를 정원 및 적재량을 초과하여 사용한 자

3. 제31조의3제1항제3호 각 목에서 정하는 지상안전관리기준을 위반한 자

4. 제31조의3제1항제4호를 위반하여 교통안전 관련 시설 또는 표지를 훼손한 자

5. 제31조의3제1항제5호를 위반하여 장비, 부품, 이물질 등을 활주로 및 유도로 등에 방치하거나 지정구역이 아닌 장소에 위험물을 보관 또는 저장한 자

6. 제31조의3제1항제6호를 위반하여 지상안전사고가 발생한 사실을 즉시 신고하지 아니한 자

7. 제31조의3제1항제7호를 위반하여 보호구역에서 흡연, 음주 또는 환각제 복용을 하거나 음주 또는 환각제 복용 상태에서 업무를 수행한 자

8. 제31조의3제1항제8호에 따라 지상안전사고의 예방과 차량 및 장비의 안전운행에 관하여 정한 기준을 위반한 자

⑥ 제1항부터 제5항까지에 따른 과태료는 대통령령으로 정하는 바에 따라 국토교통부장관이 부과·징수한다. 〈개정 2024. 2. 13.〉

[시행일: 2026. 2. 27.] 제69조

제70조(이행강제금) ① 국토교통부장관은 제36조제8항 또는 제9항에 따라 시정명령을 받은 후 그 정한 기간 이내에 그 명령을 이행하지 아니하는 자에게는 다음 각 호의 구분에 따라 이행강제금을 부과한다.

1. 제36조제8항을 위반한 경우: 1천만원 이하
2. 제36조제9항을 위반한 경우: 500만원 이하

② 국토교통부장관은 제1항에 따른 이행강제금을 부과하기 전에 이행강제금을 부과·징수한다는 것을 미리 문서로 알려 주어야 한다.

③ 국토교통부장관은 제1항에 따라 이행강제금을 부과하는 경우에는 이행강제금의 금액, 부과 사유, 납부기한, 수납기관, 이의제기 방법 및 이의제기 기관 등을 명시한 문서로 하여야 한다.

④ 국토교통부장관은 제36조제8항 또는 제9항에 따른 최초의 시정명령이 있었던 날을 기준으로 하여 1년에 한 번씩 그 시정명령이 이행될 때까지 반복하여 제1항에 따른 이행강제금을 부과·징수할 수 있다.

⑤ 국토교통부장관은 시정명령을 받은 자가 시정명령을 이행한 경우에는 새로운 이행강제금의 부과를 중지하되, 이미 부과된 이행강제금은 징수하여야 한다.

⑥ 국토교통부장관은 제3항에 따라 이행강제금 부과처분을 받은 자가 이행강제금을 납부기한까지 내지 아니하면 국세 체납처분의 예에 따라 징수한다.

⑦ 이행강제금의 부과 및 징수 절차는 국토교통부령으로 정한다.

[본조신설 2017. 8. 9.]

제7장 범칙행위에 관한 처리의 특례 〈신설 2018. 2. 21.〉

第71조(통칙) ① 이 장에서 "범칙행위"란 제67조의2에 해당하는 위반행위를 뜻하며, 그 구체적인 범위는 대통령령으로 정한다.

② 이 장에서 "범칙자"란 범칙행위를 한 사람으로서 다음 각 호의 어느 하나에 해당하지 아니하는 사람을 뜻한다.

1. 범칙행위를 한 날부터 1년 이내에 3회 이상 위반행위를 한 사람
2. 그 밖에 죄를 범한 동기, 수단 및 결과 등을 헤아려 통고처분을 하는 것이 타당하지 아니하다고 인정되는 사람

③ 이 장에서 "범칙금"이란 범칙자가 제72조에 따른 통고처분에 따라 국고 또는 제주특별자치도의 금고에 내야 할 금전을 말한다.

[본조신설 2018. 2. 21.]

第72조(통고처분) ① 경찰서장이나 제주특별자치도지사는 범칙자로 인정되는 사람에 대하여 그 이유를 명시한 범칙금납부통고서로 범칙금을 낼 것을 통고할 수 있다. 다만, 다음 각 호의 어느 하나에 해당하는 사람에 대해서는 그러하지 아니하다.

1. 성명 또는 주소가 확실하지 아니한 사람
2. 범칙금납부통고서 받기를 거부한 사람

② 제1항에 따라 통고할 범칙금의 액수는 범칙행위의 종류와 위반 정도에 따라 그 위반행위에 대하여 이 법에서 정하는 벌금의 범위에서 대통령령으로 정한다.

③ 제주특별자치도지사가 제1항에 따라 통고처분을 한 경우에는 관할 경찰서장에게 그 사실을 통보하여야 한다.

[본조신설 2018. 2. 21.]

第73조(범칙금의 납부 등) ① 제72조에 따라 범칙금납부통고서를 받은 사람은 10일 이내에 경찰서장 또는 제주특별자치도지사가 지정하는 수납기관에 범칙금을 내야 한다. 다만, 천재지변이나 그 밖의 부득이한 사유로 그 기간 내에 범칙금을 납부할 수 없는 경우에는 그 부득이한 사유가 없어지게 된 날부터 5일 이내에 내야 한다.

② 제1항에 따른 납부기간에 범칙금을 내지 아니한 사람은 납부기간이 끝나는 날의 다음 날부터 20일 이내에 통고받은 범칙금에 그 금액의 100분의 20을 더한 금액을 내야 한다.

③ 제1항에 따른 범칙금납부통고서에 불복하는 사람은 그 납부기간 내에 경찰서장에게 이의를 제기할 수 있다.

④ 제1항 또는 제2항에 따라 범칙금을 낸 사람은 그 범칙행위에 대하여 다시 처벌받지 아니한다.

[본조신설 2018. 2. 21.]

제74조(통고처분 불이행자 등의 처리) ① 경찰서장 또는 제주특별자치도지사는 다음 각 호의 어느 하나에 해당하는 사람에 대해서는 지체 없이 즉결심판을 청구하여야 한다. 다만, 즉결심판이 청구되기 전까지 통고받은 범칙금에 그 금액의 100분의 50을 더한 금액을 낸 사람에 대해서는 그러하지 아니하다.

1. 제72조제1항 각 호의 어느 하나에 해당하는 사람
2. 제73조제2항에 따른 납부기간 내에 범칙금을 내지 아니한 사람
3. 제73조제3항에 따라 이의를 제기한 사람

② 제1항제2호에 따라 즉결심판이 청구된 피고인이 통고받은 범칙금에 그 금액의 100분의 50을 더한 금액을 내고 그 증명서류를 즉결심판 선고 전까지 제출하였을 때에는 경찰서장 또는 제주특별자치도지사는 그 피고인에 대한 즉결심판 청구를 취소하여야 한다.

③ 제1항 단서 또는 제2항에 따라 범칙금을 낸 사람은 그 범칙행위에 대하여 다시 처벌받지 아니한다.

[본조신설 2018. 2. 21.]

부칙 〈제14113호, 2016. 3. 29.〉

제1조(시행일) 이 법은 공포 후 1년이 경과한 날부터 시행한다.

제2조(다른 법률의 폐지) 수도권신공항건설 촉진법은 폐지한다.

제3조(실시계획의 협의에 관한 적용례) 제8조제3항은 이 법 시행 후 국토교통부장관이 관계 행정기관의 장에게 같은 조 제2항에 따라 실시계획에 관하여 협의를 요청하는 경우부터 적용한다.

제4조(종전의 「항공법」과 종전의 「수도권신공항건설 촉진법」에 따른 처분 등에 관한 일반적 경과조치) 이 법 시행 당시 종전의 「항공법」 또는 종전의 「수도권신공항건설 촉진법」에 따라 한 행정기관의 행위 또는 행정기관에 대한 행위는 그에 해당하는 규정이 이 법에 있는 경우에는 이 법에 따른 행정기관의 행위 또는 행정기관에 대한 행위로 본다.

제5조(종합계획 등에 관한 경과조치) ① 이 법 시행 당시 종전의 「항공법」 제89조제1항에 따라 수립된 종합계획은 제3조에 따라 수립된 것으로 본다.

② 이 법 시행 당시 종전의 「항공법」 제89조제2항 또는 종전의 「수도권신공항건설 촉진법」 제4조에 따라 수립된 기본계획은 제4조에 따라 수립된 것으로 본다.

제6조(공항개발예정지역 등에 관한 경과조치) 이 법 시행 당시 종전의 「항공법」 제89조제2항에 따른 공항개발예정지역과 종전의 「수도권신공항건설 촉진법」 제4조의3에 따라 신공항건설예정지로 지정·고시한 지역은 제4조에 따라 지정·고시한 공항·비행장개발예정지역으로 본다.

제7조(신공항건설심의위원회에 대한 경과조치) ① 이 법 시행 당시 종전의 「수도권신공항건설 촉진법」 제7조의3에 따라 구성된 신공항건설심의위원회는 제5조에 따라 구성된 기술심의위원회로 본다.

② 이 법 시행 당시 「수도권신공항건설 촉진법」 제7조의3제3항에 따라 임명 또는 위촉된 신공항건설심의위원회 위원은 제5조제2항에 따른 기술심의위원회 위원으로 임명 또는 위촉된 것으로 본다.

제8조(비행장 또는 항행안전시설의 설치허가에 관한 경과조치) 이 법 시행 당시 종전의 「항공법」 제75조제2항에 따라 비행장 또는 항행안전시설의 설치허가를 받은 자는 제6조제2항에 따라 개발사업의 허가 및 제7조제3항에 따라 실시계획의 승인, 제43조제2항에 따라 항행안전시설의 설치허가 및 제44조제3항에 따라 실시계획의 승인을 받은 것으로 본다.

제9조(공항개발 사업시행자 등에 관한 경과조치) ① 이 법 시행 당시 종전의 「항공법」 제94조제2항에 따라 공항개발사업의 시행허가를 받은 자는 제6조제2항에 따라 개발사업의 시행허가를 받은 것으로 본다.

② 이 법 시행 당시 종전의 「항공법」 제95조제5항에 따라 고시된 실시계획 및 종전의 「수도권신공항건설 촉진법」 제7조제3항에 따라 고시된 실시계획은 제7조제6항에 따라 고시된 실시계획으로 본다.

제10조(이착륙장의 설치 및 관리 등에 관한 경과조치) 이 법 시행 당시 종전의 「항공법」 제75조의2제1항 또는 법률 제12256호 항공법 일부개정법률 부칙 제5조에 따라 허가를 받은 이착륙장은 제25조제1항에 따라 허가를 받은 것으로 본다.

제11조(공항시설관리권 등에 관한 경과조치) ① 이 법 시행 당시 종전의 「항공법」 제105조의2에 따라 설정된 공항시설관리권은 제26조제1항에 따라 설정된 것으로 본다.

② 이 법 시행 당시 종전의 「항공법」 제105조의5제1항에 따라 국토교통부에 갖추어 둔 공항시설관리권 등록부는 제28조제1항에 따른 공항시설관리권 등록부로 본다.

제12조(사용료에 관한 경과조치) 이 법 시행 당시 종전의 「항공법」 제86조제3항 및 제107조제2항에 따라 신고하거나 승인을 받은 사용료는 제32조제2항 또는 제50조제2항에 따라 신고하거나 승인을 받은 것으로 본다.

제13조(공항운항증명 등에 관한 경과조치) ① 이 법 시행 당시 종전의 「항공법」 제111조의2에 따라 받은 공항운항증명은 제38조에 따라 발급받은 것으로 본다.

② 이 법 시행 당시 종전의 「항공법」 제111조의3에 따라 인가를 받았거나 신고한 공항운영규정은 제39조에 따라 인가를 받았거나 신고한 공항운영규정으로 본다.

제14조(항행안전시설의 성능적합증명에 관한 경과조치) 이 법 시행 당시 종전의 「항공법」 제80조의2에 따라 받은 항행안전시설의 성능적합증명은 제52조제1항에 따라 받은 것으로 본다.

제15조(행정처분 및 과징금에 관한 경과조치) ① 이 법 시행 전의 위반행위에 대한 행정처분에 관하여는 종전의 「항공법」 및 종전의 「수도권신공항건설 촉진법」에 따른다.

② 이 법 시행 전의 행위에 대한 과징금의 부과·징수에 관하여는 종전의 「항공법」에 따른다.

제16조(벌칙 및 과태료에 관한 경과조치) 이 법 시행 전의 행위에 대하여 벌칙 및 과태료 규정을 적용할 때에는 종전의 「항공법」과 종전의 「수도권신공항건설 촉진법」에 따른다.

제17조(다른 법률의 개정) ① 가축전염병 예방법 일부를 다음과 같이 개정한다.

제5조제2항 중 "「항공법」 제2조제7호"를 "「공항시설법」 제2조제3호"로 한다.

② 공중화장실 등에 관한 법률 일부를 다음과 같이 개정한다.

제3조제14호 중 "「항공법」 제2조제8호"를 "「공항시설법」 제2조제7호"로 한다.

③ 공항소음 방지 및 소음대책지역 지원에 관한 법률 일부를 다음과 같이 개정한다.

제2조제4호 본문 중 "「항공법」 제2조제7호"를 "「공항시설법」 제2

조제3호"로 하고, 같은 조 제5호 중 "「항공법」 제2조제8호"를 "「공항시설법」 제2조제7호"로 하며, 같은 조 제6호 중 "「항공법」 제2조제10호"를 "「공항시설법」 제2조제9호"로 한다.

제9조제1항 중 "「항공법」 제108조의2에 따른 저소음운항절차"를 "항공기 소음을 줄이기 위하여 국토교통부장관이 정하여 고시하는 운항절차"로 한다.

제17조제1항 중 "「항공법」 제86조"를 "「공항시설법」 제32조"로 한다.

제23조제1항제3호 단서 중 "「항공법」 제86조"를 "「공항시설법」 제32조"로 한다.

④ 교통시설특별회계법 일부를 다음과 같이 개정한다.

제2조제5호 중 "「항공법」 제2조제6호 및 제17호에 따른 비행장 및 항행안전시설"을 "「공항시설법」 제2조제3호에 따른 공항"으로 한다.

제6조제1항제2호를 다음과 같이 한다.

2. 「공항시설법」 제50조에 따른 항행안전시설 사용료

제6조제1항제4호 중 "「항공법」 제2조제10호에 따른 공항개발사업"을 "「공항시설법」 제2조제9호에 따른 공항개발사업 및 같은 법 제2조제10호에 따른 비행장개발사업"으로 한다.

제6조제2항제1호 중 "공항의 신설·확충, 항행안전시설의 개량·확충"을 "공항·비행장 또는 항행안전시설의 신설·개량·확충"으로 한다.

제6조제2항제2호 중 "「수도권신공항건설 촉진법」 제6조에 따른 신공항건설사업 시행자"를 "「공항시설법」 제7조제1항에 따른 사업시행자"로 한다.

제6조제2항제3호 중 "공항"을 "공항·비행장 또는 항행안전시설"로 한다.

제8조제4항 중 "「수도권신공항건설 촉진법」에 따른 신공항건설"을

"인천국제공항건설"로 한다.

⑤ 교통약자의 이동편의 증진법 일부를 다음과 같이 개정한다.

제2조제3호마목 중 "「항공법」 제2조제7호 및 제8호"를 "「공항시설법」 제2조제3호 및 제7호"로 한다.

⑥ 국가통합교통체계효율화법 일부를 다음과 같이 개정한다.

제2조제7호다목 중 "「항공법」 제2조제7호"를 "「공항시설법」 제2조제3호"로 한다.

제5조제3항제5호를 다음과 같이 한다.

5. 「공항시설법」 제3조에 따른 공항개발 종합계획

제38조제1항제2호 중 "「항공법」 제2조제7호"를 "「공항시설법」 제2조제3호"로 한다.

제80조제1항제5호 중 "「항공법」 제75조"를 "「공항시설법」 제43조"로 한다.

⑦ 국방·군사시설 사업에 관한 법률 일부를 다음과 같이 개정한다.

제7조제1항제23호를 다음과 같이 한다.

23. 「공항시설법」 제6조제2항에 따른 개발사업 시행허가 및 같은 법 제7조제3항에 따른 실시계획의 승인

⑧ 군용항공기 운용 등에 관한 법률 일부를 다음과 같이 개정한다.

제12조제1항 중 "「항공법」"을 "「공항시설법」"으로 한다.

⑨ 법률 제13601호 다중이용시설 등의 실내공기질관리법 일부개정법률 일부를 다음과 같이 개정한다.

제3조제1항제6호 중 "「항공법」 제2조제8호"를 "「공항시설법」 제2조제7호"로 한다.

⑩ 도시 및 주거환경정비법 일부를 다음과 같이 개정한다.

제30조의3제4항제4호 중 "「항공법」 제82조에 따른 비행안전구역"을 "「공항시설법」 제34조에 따른 장애물 제한표면구역"으로 한다.

⑪ 문화재보호법 일부를 다음과 같이 개정한다.

제60조의2제1항 중 “「항공법」 제2조제7호의 공항”을 “「공항시설법」 제2조제3호에 따른 공항”으로 한다.

⑫ 물류시설의 개발 및 운영에 관한 법률 일부를 다음과 같이 개정한다.

제2조제3호나목 중 “「항공법」 제2조제8호”를 “「공항시설법」 제2조제7호”로 한다.

⑬ 사회기반시설에 대한 민간투자법 일부를 다음과 같이 개정한다.

제2조제1호마목 중 “「항공법」 제2조제8호”를 “「공항시설법」 제2조제7호”로 하고, 같은 조 제13호다목을 삭제한다.

⑭ 실종아동등의 보호 및 지원에 관한 법률 일부를 다음과 같이 개정한다.

제9조의3제2항제5호 중 “「항공법」”을 “「공항시설법」”으로 한다.

⑮ 응급의료에 관한 법률 일부를 다음과 같이 개정한다.

제47조의2제1항제3호 중 “같은 법 제2조제7호”를 “「공항시설법」 제2조제3호”로 한다.

⑯ 인천국제공항공사법 일부를 다음과 같이 개정한다.

제10조제1항제1호를 다음과 같이 하고, 같은 항 제3호를 삭제한다.

1. 「공항시설법」 제2조제9호에 따른 공항개발사업 중 인천국제공항의 개발

법률 제5689호 인천국제공항공사법 부칙 제8조제1항 단서 중 “수도권신공항건설촉진법 제12조의3”을 “「공항시설법」 제21조제2항”으로 한다.

⑰ 자연재해대책법 일부를 다음과 같이 개정한다.

제20조제1항제2호 및 제26조의4제1항제2호 중 “「항공법」”을 각각 “「공항시설법」”으로 한다.

⑱ 자유무역지역의 지정 및 운영에 관한 법률 일부를 다음과 같이 개정한다.

제5조제1호나목 중 “「항공법」 제2조제7호”를 “「공항시설법」 제2조제3호”로 한다.

⑲ 전기통신사업법 일부를 다음과 같이 개정한다.

제68조제1항제6호 중 “「항공법」 제2조제9호”를 “「공항시설법」 제2조제4호”로 한다.

⑳ 지방재정법 일부를 다음과 같이 개정한다.

제11조의2제10호를 다음과 같이 한다.

10. 「공항시설법」

㉑ 지진ㆍ화산재해대책법 일부를 다음과 같이 개정한다.

제14조제1항제3호 중 “「항공법」”을 “「공항시설법」”으로 한다.

㉒ 법률 제14094호 철도물류산업의 육성 및 지원에 관한 법률 일부를 다음과 같이 개정한다.

제11조제1항 중 “「항공법」”을 “「공항시설법」”으로 한다.

㉓ 토지이용규제 기본법 일부를 다음과 같이 개정한다.

별표 중 제215호 및 제216호를 각각 다음과 같이 한다.

215	「공항시설법」 제2조제6호	공항ㆍ비행장개발예정지역
216	「공항시설법」 제2조제14호	장애물 제한표면

㉔ 한국공항공사법 일부를 다음과 같이 개정한다.

제4조제3항 중 “「항공법」 제105조의2”를 “「공항시설법」 제26조제1항”으로 한다.

제9조제1항제2호 중 “「항공법」 제2조제8호”를 “「공항시설법」 제2조제7호”로 하고, 같은 항 제3호 중 “「항공법」 제2조제10호”를 “「공항시설법」 제2조제9호”로 한다.

제15조 중 “「항공법」 제86조제2항”을 “「공항시설법」 제32조제1항”으로 한다.

㉕ 항공보안법 일부를 다음과 같이 개정한다.

제15조제4항 중 "「항공법」 제86조"를 "「공항시설법」 제32조 및 제50조"로 한다.

㉖ 여객자동차 운수사업법 일부를 다음과 같이 개정한다. 〈신설 2016. 12. 2.〉

제4조제4항제2호 중 "「항공법」 제2조제7호"를 "「공항시설법」 제2조제3호"로 한다.

제18조(다른 법령과의 관계) 이 법 시행 당시 다른 법령에서 종전의 「항공법」과 종전의 「수도권신공항건설 촉진법」 또는 그 규정을 인용하고 있는 경우 이 법 중 그에 해당하는 규정이 있는 경우에는 종전의 「항공법」과 종전의 「수도권신공항건설 촉진법」 또는 그 규정을 갈음하여 이 법의 해당 조항을 인용한 것으로 본다.

부칙 〈제14342호, 2016. 12. 2.〉 (여객자동차 운수사업법)

제1조(시행일) 이 법은 공포한 날부터 시행한다. 다만, ··· 〈생략〉 ··· , 부칙 제5조는 2017년 3월 30일부터 시행하며, ··· 〈생략〉 ··· 시행한다.

제2조 부터 제4조까지 생략

제5조(다른 법률의 개정) 법률 제14113호 공항시설법 일부를 다음과 같이 개정한다.

법률 제14113호 공항시설법 부칙 제17조에 제26항을 다음과 같이 신설한다.

㉖ 여객자동차 운수사업법 일부를 다음과 같이 개정한다.

제4조제4항제2호 중 "「항공법」 제2조제7호"를 "「공항시설법」 제2조제3호"로 한다.

부칙 〈제14532호, 2017. 1. 17.〉 (물환경보전법)

제1조(시행일) 이 법은 공포 후 1년이 경과한 날부터 시행한다. 다

만, 부칙 제6조에 따라 개정되는 법률 중 이 법 시행 전에 공포되었으나 시행일이 도래하지 아니한 법률을 개정한 부분은 각각 해당 법률의 시행일부터 시행한다.
제2조 부터 제5조까지 생략
제6조(다른 법률의 개정) ①부터 ⑨까지 생략
⑩ 법률 제14113호 공항시설법 일부를 다음과 같이 개정한다.
제8조제1항제9호 중 "「수질 및 수생태계 보전에 관한 법률」 제33조"를 "「물환경보전법」 제33조"로 한다.
⑪부터 〈89〉까지 생략
제7조 생략

부칙 〈제14855호, 2017. 8. 9.〉
이 법은 공포 후 6개월이 경과한 날부터 시행한다.

부칙 〈제15009호, 2017. 10. 31.〉 (항로표지법)
제1조(시행일) 이 법은 공포 후 6개월이 경과한 날부터 시행한다.
제2조 부터 제13조까지 생략
제14조(다른 법률의 개정) ① 생략
② 공항시설법 일부를 다음과 같이 개정한다.
제8조제1항제28호 중 "「항로표지법」 제5조"를 "「항로표지법」 제9조제6항, 제13조 또는 제14조"로, "허가"를 "허가 또는 신고"로 한다.
③ 및 ④ 생략
제15조 생략

부칙 〈제15310호, 2017. 12. 26.〉
제1조(시행일) 이 법은 공포 후 6개월이 경과한 날부터 시행한다.
제2조(이착륙장 준공확인에 관한 적용례) 제25조의 개정규정은 이

법 시행 후 설치공사가 완료된 이착륙장부터 적용한다.

부칙 〈제15399호, 2018. 2. 21.〉
이 법은 공포 후 6개월이 경과한 날부터 시행한다.

부칙 〈제15995호, 2018. 12. 18.〉
제1조(시행일) 이 법은 공포 후 1개월이 경과한 날부터 시행한다.
제2조(준공확인 전 사용허가 등에 관한 적용례) 제20조제8항, 제32조제3항 · 제4항, 제39조제4항, 제42조제2항 · 제3항, 제43조제3항, 제46조제2항, 제50조제3항 · 제4항 및 제51조제2항 · 제3항의 개정 규정은 이 법 시행 이후 인가 · 허가 또는 변경허가를 신청하거나 신고를 하는 경우부터 적용한다.

부칙 〈제16902호, 2020. 1. 29.〉 (항만법)
제1조(시행일) 이 법은 공포 후 6개월이 경과한 날부터 시행한다.
제2조 부터 제18조까지 생략
제19조(다른 법률의 개정) ①부터 ⑤까지 생략
⑥ 공항시설법 일부를 다음과 같이 개정한다.
제8조제1항제29호를 다음과 같이 한다.
29. 「항만법」 제9조제2항에 따른 항만개발사업 시행의 허가 및 같은 법 제10조제2항에 따른 항만개발사업실시계획의 승인
⑦부터 〈56〉까지 생략
제20조 생략

부칙 〈제17610호, 2020. 12. 8.〉
이 법은 공포한 날부터 시행한다.

부칙 〈제17689호, 2020. 12. 22.〉 (국가경찰과 자치경찰의 조직 및 운영에 관한 법률)

제1조(시행일) 이 법은 2021년 1월 1일부터 시행한다.

제2조 부터 제6조까지 생략

제7조(다른 법률의 개정) ①부터 ⑪까지 생략

⑫ 공항시설법 일부를 다음과 같이 개정한다.

제56조제7항 중 "국가경찰공무원(의무경찰을 포함한다) 또는 자치경찰공무원"을 "경찰공무원(의무경찰을 포함한다) 또는 자치경찰공무원"으로 한다.

⑬부터 〈53〉까지 생략

제8조 생략

부칙 〈제18522호, 2021. 11. 30.〉 (소방시설 설치 및 관리에 관한 법률)

제1조(시행일) 이 법은 공포 후 1년이 경과한 날부터 시행한다. 〈단서 생략〉

제2조 부터 제13조까지 생략

제14조(다른 법률의 개정) ①부터 ⑤까지 생략

⑥ 공항시설법 일부를 다음과 같이 개정한다.

제8조제1항제20호 중 "「화재예방, 소방시설 설치·유지 및 안전관리에 관한 법률」 제7조"를 "「소방시설 설치 및 관리에 관한 법률」 제6조"로 한다.

제19조제1항 중 "「화재예방, 소방시설 설치·유지 및 안전관리에 관한 법률」 제9조"를 "「소방시설 설치 및 관리에 관한 법률」 제12조"로 한다.

⑦부터 〈54〉까지 생략

제15조 생략

부칙 〈제18553호, 2021. 12. 7.〉

이 법은 공포한 날부터 시행한다.

부칙 〈제18938호, 2022. 6. 10.〉

제1조(시행일) 이 법은 공포 후 6개월이 경과한 날부터 시행한다.

제2조(인ㆍ허가등의 의제에 관한 적용례) 제8조제1항제23호의2의 개정규정은 이 법 시행 이후 제7조제1항에 따라 개발사업에 관한 실시계획을 수립하거나 같은 조 제3항에 따라 실시계획을 승인(변경승인을 포함한다)하는 경우부터 적용한다.

부칙 〈제19117호, 2022. 12. 27.〉 (산림자원의 조성 및 관리에 관한 법률)

제1조(시행일) 이 법은 공포 후 6개월이 경과한 날부터 시행한다.

제2조 생략

제3조(다른 법률의 개정) ①부터 ⑪까지 생략

⑫ 공항시설법 일부를 다음과 같이 개정한다.

제8조제1항제15호 중 "「산림자원의 조성 및 관리에 관한 법률」 제36조제1항ㆍ제4항"을 "「산림자원의 조성 및 관리에 관한 법률」 제36조제1항ㆍ제5항"으로 한다.

⑬부터 〈98〉까지 생략

부칙 〈제19373호, 2023. 4. 18.〉

제1조(시행일) 이 법은 공포 후 6개월이 경과한 날부터 시행한다.

제2조(장애물 제거 검토 등에 관한 적용례 등) ① 제4조제2항 및 같은 조 제3항제3호의2의 개정규정은 이 법 시행 이후 기본계획을 수립하거나 변경하는 경우부터 적용한다.

② 이 법 시행 전에 고시된 기본계획에 대하여 이 법 시행일부터

5년 이내에 제1항 및 제4조제6항의 개정규정에 따라 존치장애물 현황이 포함된 기본계획이 변경 고시되지 아니하는 경우에는 국토교통부장관은 사업시행자등이 제34조제3항의 개정규정에 따라 정기적인 현황조사를 수행할 때 항공기의 안전운항에 지장이 없도록 장애물의 제거 여부를 함께 검토하게 하여 이 법 시행일부터 10년 이내에 해당 기본계획에 포함되어야 할 존치장애물 현황을 고시하여야 한다. 이 경우 제4조제6항의 개정규정에 따라 기본계획이 변경되어 고시된 것으로 본다.

제3조(장애물의 설치 제한 시점 등에 관한 경과조치) ① 이 법 시행 전에 제7조제6항에 따라 실시계획이 고시되었거나 변경 고시된 경우 장애물의 설치·재배 등 금지 시점에 관하여는 제34조제1항 각 호 외의 부분 본문의 개정규정에도 불구하고 종전의 규정에 따른다.

② 이 법 시행 전에 관계 행정기관의 장이 국토교통부장관 또는 사업시행자등에게 장애물의 설치 또는 방치 협의를 요청한 경우에는 제34조제1항 각 호의 개정규정에도 불구하고 종전의 규정에 따른다.

부칙 〈제19986호, 2024. 1. 9.〉 (행정기관 소속 위원회 정비를 위한 공항시설법 등 9개 법률의 일부개정에 관한 법률)

제1조(시행일) 이 법은 공포 후 6개월이 경과한 날부터 시행한다.

제2조 및 제3조 생략

부칙 〈제19987호, 2024. 1. 9.〉 (행정법제 혁신을 위한 가덕도신공항 건설을 위한 특별법 등 12개 법률의 일부개정에 관한 법률)

제1조(시행일) 이 법은 공포한 날부터 시행한다.

제2조(이의신청에 관한 일반적 적용례) 이의신청에 관한 개정규정은 이 법 시행 이후 하는 처분부터 적용한다.

제3조 부터 제7조까지 생략

부칙 〈제20291호, 2024. 2. 13.〉

제1조(시행일) 이 법은 공포 후 6개월이 경과한 날부터 시행한다.

제2조(면책 및 손실보상에 관한 적용례) 제56조의2 및 제56조의3의 개정규정은 이 법 시행 이후 퇴치등을 하는 경우부터 적용한다.

제3조(행정처분에 관한 경과조치) 이 법 시행 전의 위반행위에 대한 행정처분에 관하여는 종전의 규정에 따른다.

부칙 〈제20755호, 2025. 1. 31.〉

제1조(시행일) 이 법은 공포 후 6개월이 경과한 날부터 적용한다.

제2조(사용료의 징수 등에 관한 적용례) 제32조제5항 및 제6항의 개정규정은 이 법 시행 당시 체납된 사용료 및 연체금에 대해서도 적용한다.

부칙 〈제21037호, 2025. 8. 26.〉

제1조(시행일) 이 법은 공포 후 6개월이 경과한 날부터 시행한다. 다만, 제21조제4항의 개정규정은 공포한 날부터 시행한다.

제2조(조류충돌 예방 기본계획의 수립시기에 관한 특례) 제31조의6의 개정규정에 따른 조류충돌 예방 기본계획은 이 법 시행일부터 1년 이내에 수립하여야 한다.

제3조(항행안전시설 등 물체의 시설설치기준 변경에 따른 경과조치) 이 법 시행 당시 종전의 제24조에 따라 설치된 항행안전시설 등의 물체는 제24조제1항제3호의 개정규정에도 불구하고 이 법 시행일부터 2년 이내에 같은 개정규정에 따른 시설설치기준을 충족하여야 한다.

공항시설법 시행령

[시행 2025. 8. 1.] [대통령령 제35690호, 2025. 7. 31., 일부개정]

제29조(투자허가의 신청)
제30조(무상사용 · 수익 허가 등)
제31조(공항시설 및 비행장시설의 설치기준)
제32조(이착륙장의 설치 허가 신청)
제33조(이착륙장의 설치기준)
제34조(이착륙장의 관리기준)
제35조(공항시설 또는 비행장시설의 관리에 대한 검사)
제35조의2삭 제
제35조의3(항공관련업무 수행단체 및 종사자의 지상안전관리기준)
제35조의4(사용료의 징수 등)
제36조(장애물 제한 및 제거에 따른 손실보상 등)
제37조(항공학적 검토위원회의 구성)
제38조(검토위원회의 기능)
제39조(검토위원회 위원의 제척 · 기피 · 회피)
제40조(검토위원회 위원의 해임 및 해촉)
제41조(검토위원회 위원장의 직무)
제42조(검토위원회의 운영)
제43조(검토위원회의 간사)
제44조(검토위원회의 운영세칙)
제45조(항공장애 표시등 및 항공장애 주간표지의 설치로 인한 손실보상)
제46조(검사 또는 시정명령 권한의 위탁)
제47조(공항운영증명을 받아야 하는 공항 등)
제48조(항행안전시설 설치에 관한 실시계획의 수립 · 승인 등)
제49조(항행안전시설의 관리에 대한 검사)
제50조(금지행위)
제50조의2(손실보상의 대상 및 기준)
제50조의3(손실보상의 절차 및 방법)
제50조의4(구상권의 행사)
제51조(허가 등의 취소에 관한 고시)
제52조(과징금을 부과하는 위반행위와 과징금의 금액)
제53조(과징금의 부과 및 납부)
제54조(과징금의 독촉 및 징수)
제55조(권한의 위임 · 위탁)
제56조(고유식별정보의 처리)
제57조(과태료의 부과기준)
제58조(범칙행위의 범위와 범칙금액)

**개정 예정 법률 밑줄 별도 표시.

공항시설법 시행령

[시행 2025. 8. 1.] [대통령령 제35690호, 2025. 7. 31., 일부개정]

제1조(목적) 이 영은 「공항시설법」에서 위임된 사항과 그 시행에 필요한 사항을 규정함을 목적으로 한다.

제2조(비행장의 구분) 「공항시설법」(이하 "법"이라 한다) 제2조제2호에서 "대통령령으로 정하는 것"이란 다음 각 호의 것을 말한다.

1. 육상비행장
2. 육상헬기장
3. 수상비행장
4. 수상헬기장
5. 옥상헬기장
6. 선상(船上)헬기장
7. 해상구조물헬기장

제3조(공항시설의 구분) 법 제2조제7호 각 목 외의 부분에서 "대통령령으로 정하는 시설"이란 다음 각 호의 시설을 말한다.

1. 다음 각 목에서 정하는 기본시설
   가. 활주로, 유도로, 계류장, 착륙대 등 항공기의 이착륙시설
   나. 여객터미널, 화물터미널 등 여객시설 및 화물처리시설
   다. 항행안전시설
   라. 관제소, 송수신소, 통신소 등의 통신시설
   마. 기상관측시설

바. 공항 이용객을 위한 주차시설 및 경비·보안시설

사. 공항 이용객에 대한 홍보시설 및 안내시설

2. 다음 각 목에서 정하는 지원시설

가. 항공기 및 지상조업장비의 점검·정비 등을 위한 시설

나. 운항관리시설, 의료시설, 교육훈련시설, 소방시설 및 기내식 제조·공급 등을 위한 시설

다. 공항의 운영 및 유지·보수를 위한 공항 운영·관리시설

라. 공항 이용객 편의시설 및 공항근무자 후생복지시설

마. 공항 이용객을 위한 업무·숙박·판매·위락·운동·전시 및 관람집회 시설

바. 공항교통시설 및 조경시설, 방음벽, 공해배출 방지시설 등 환경보호시설

사. 공항과 관련된 상하수도 시설 및 전력·통신·냉난방 시설

아. 항공기 급유시설 및 유류의 저장·관리 시설

자. 항공화물을 보관하기 위한 창고시설

차. 공항의 운영·관리와 항공운송사업 및 이와 관련된 사업에 필요한 건축물에 부속되는 시설

카. 공항과 관련된 「신에너지 및 재생에너지 개발·이용·보급 촉진법」 제2조제3호에 따른 신에너지 및 재생에너지 설비

3. 도심공항터미널

4. 헬기장에 있는 여객시설, 화물처리시설 및 운항지원시설

5. 공항구역 내에 있는 「자유무역지역의 지정 및 운영에 관한 법률」 제4조에 따라 지정된 자유무역지역에 설치하려는 시설로서 해당 공항의 원활한 운영을 위하여 필요하다고 인정하여 국토교통부장관이 지정·고시하는 시설

6. 그 밖에 국토교통부장관이 공항의 운영 및 관리에 필요하다고 인정하는 시설

제4조(항공 관련 업무종사자 등을 위한 공항개발사업) 법 제2조제9호다목에서 "공항이용객 및 항공과 관련된 업무종사자를 위한 사업 등 대통령령으로 정하는 사업"이란 다음 각 호의 어느 하나에 해당하는 사업을 말한다.

1. 제3조제1호 및 제2호에 따른 공항시설의 운영 및 관리에 관한 업무에 종사하는 사람을 위한 주거시설, 생활편익시설 및 이와 관련된 부대시설의 건설에 관한 사업

2. 공항개발사업으로 인하여 주거지를 상실하는 사람을 위한 주거시설, 생활편익시설 및 이와 관련된 부대시설의 건설에 관한 사업

3. 그 밖에 공항개발사업의 건설 종사자를 위한 임시숙소의 건설 등 공항의 건설 및 운영과 관련하여 공항개발사업 시행자가 시행하는 사업

제4조의2(항공관련업무 수행단체의 범위) ① 법 제2조제11호의2 각 목 외의 부분에서 "공항시설의 유지·보수, 항공기에 대한 정비·급유, 항공화물 또는 수하물의 하역 등 대통령령으로 정하는 항공 관련 업무"란 다음 각 호의 어느 하나에 해당하는 업무를 말한다.

1. 공항시설의 유지·보수 및 안전점검

2. 항공기에 대한 정비·급유

3. 항공화물 또는 수하물의 탑재 및 하역

4. 항공기 입항·출항 유도, 항공기 동력공급, 항공기 청소, 승객운송 차량 운전 및 기내물품 운반

5. 그 밖에 「항공보안법」 제12조에 따른 공항시설 보호구역(이하 "보호구역"이라 한다) 안에서 상시적으로 이루어지는 항공기 운항 지원 업무

② 법 제2조제11호의2라목에서 "대통령령으로 정하는 법인, 기관 또는 단체"란 보호구역을 출입하는 사람이 소속된 법인, 기관 또는 단체를 말한다.

[본조신설 2024. 8. 13.]

제5조(장애물 제한표면의 구분) ① 법 제2조제14호에서 "대통령령으로 정하는 구역"이란 다음 각 호의 것을 말한다.

1. 수평표면
2. 원추표면
3. 진입표면 및 내부진입표면
4. 전이(轉移)표면 및 내부전이표면
5. 착륙복행(着陸復行)표면

② 장애물 제한표면의 기준 등에 관하여 필요한 사항은 국토교통부령으로 정한다.

제6조(이착륙장의 구분) 법 제2조제19호에서 "대통령령으로 정하는 것"이란 다음 각 호의 것을 말한다.

1. 육상이착륙장
2. 수상이착륙장

제7조(공항개발 종합계획의 수립 · 변경 등) ① 법 제3조제1항제2호에서 "대통령령으로 정하는 규모 이상의 비행장개발"이란 다음 각 호의 어느 하나에 해당하는 것을 말한다.

1. 국가의 재정지원 규모가 300억원 이상이면서 총사업비가 1천억원 이상인 비행장개발
2. 비행장개발예정지역의 면적이 20만제곱미터 이상인 육상비행장개발

② 법 제3조제3항에 따라 국토교통부장관은 다음 각 호의 어느 하나에 해당하는 경우에는 법 제3조제1항에 따른 공항개발 종합계획(이하 "종합계획"이라 한다)을 변경하여야 한다.

1. 새로운 공항개발에 관한 사항을 종합계획에 추가하는 경우
2. 국가의 재정지원 규모가 300억원 이상이면서 총사업비가 1천억원 이상인 새로운 비행장개발에 관한 사항을 종합계획에 추가하는

경우

3. 공항·비행장개발예정지역의 면적이 당초 계획보다 20만제곱미터 이상 늘어나는 공항개발 또는 육상비행장개발에 관한 사항을 종합계획에 추가하는 경우

4. 길이 500미터 이상의 활주로가 신설되거나 기존 활주로의 길이가 500미터 이상 늘어나는 공항개발 또는 육상비행장개발에 관한 사항을 종합계획에 추가하는 경우

③ 법 제3조제4항에 따라 국토교통부장관으로부터 종합계획의 수립 또는 변경에 관한 의견제시 요청을 받은 관할 지방자치단체의 장은 종합계획안을 14일 이상 주민이 열람하게 하고 그 주민의 의견을 들어야 한다.

④ 국토교통부장관은 법 제3조제7항에 따라 종합계획을 수립하거나 종합계획을 변경하였을 때에는 다음 각 호의 구분에 따라 해당 사항을 각각 관보에 고시하여야 한다.

1. 종합계획을 수립한 경우: 법 제3조제1항 각 호의 사항

2. 종합계획을 변경한 경우: 변경된 사항

제8조(공항개발 기본계획의 수립·변경 등) ① 법 제4조제1항 단서에서 "공항시설 또는 비행장시설의 개량에 관한 사업 등 대통령령으로 정하는 경미한 개발사업"이란 다음 각 호의 어느 하나에 해당하는 사업을 말한다.

1. 기존의 공항구역 또는 비행장구역 내에서 시행하는 공항개발사업 또는 비행장개발사업(이하 "개발사업"이라 한다)

2. 공항·비행장개발예정지역이 「환경영향평가법 시행령」 제59조 및 별표 4에 따라 소규모 환경영향평가를 실시하여야 하는 면적 미만인 개발사업

3. 제2조제2호부터 제7호까지의 규정에 따른 비행장에 관한 비행장개발사업

4. 그 밖에 국토교통부장관이 해당 사업의 특성상 법 제4조제1항에 따른 공항 또는 비행장의 개발에 관한 기본계획(이하 "기본계획"이라 한다)을 수립할 필요가 없다고 인정하는 개발사업

② 법 제4조제4항에 따라 국토교통부장관은 다음 각 호의 어느 하나에 해당하는 경우에는 기본계획을 변경하여야 한다. 〈개정 2023. 10. 18.〉

1. 공항·비행장개발예정지역의 면적이 당초 계획보다 「환경영향평가법 시행령」 제59조 및 별표 4에 따라 소규모 환경영향평가를 실시하여야 하는 면적 이상 늘어나는 공항개발 또는 육상비행장개발에 관한 사항을 기본계획에 추가하는 경우

2. 활주로의 신설에 관한 사항을 기본계획에 추가하는 경우

3. 활주로의 길이 변경에 관한 사항을 기본계획에 추가하는 경우

4. 존치장애물(장애물 제한표면 높이 이상의 장애물 중 법 제4조제2항에 따른 검토 결과 제거하지 않기로 결정된 장애물을 말한다) 현황에 관한 사항을 기본계획에 추가하는 경우

③ 법 제4조제5항에서 준용하는 법 제3조제4항에 따라 국토교통부장관으로부터 기본계획의 수립 또는 변경에 관한 의견제시 요청을 받은 관할 지방자치단체의 장은 기본계획안을 14일 이상 주민이 열람하게 하고 그 주민의 의견을 들어야 한다. 〈개정 2023. 10. 18.〉

④ 국토교통부장관은 법 제4조제6항에 따라 기본계획을 수립하거나 변경하였을 때에는 다음 각 호의 구분에 따라 해당 사항을 각각 관보에 고시하여야 한다. 〈개정 2023. 10. 18.〉

1. 기본계획을 수립한 경우: 법 제4조제3항 각 호의 사항

2. 기본계획을 변경한 경우: 변경된 사항

제9조(공항개발기술심의위원회의 구성) ① 법 제5조제1항에 따른 공항개발기술심의위원회(이하 "기술심의위원회"라 한다)의 위원장은 기술심의위원회의 위원 중에서 국토교통부장관이 지명하는 사람이 된다.

② 법 제5조제2항제2호 및 제3호에 따른 위원의 임기는 2년으로 한다.

제10조(공항개발기술심의위원회의 기능) 기술심의위원회는 다음 각 호의 사항을 심의한다.

1. 법 제8조제1항제1호·제2호(「건축법」 제4조에 따른 건축위원회의 심의만 해당한다) 또는 제12호의 사항이 포함되어 있는 개발사업에 관한 실시계획의 수립 또는 승인에 관한 사항
2. 법 제19조제1항제1호에 따른 특수기술 또는 특수장치에 관한 사항
3. 법 제19조제1항제2호에 따른 시설의 구조 및 형태에 관한 사항
4. 제28조제5호에 따른 통합발주에 관한 사항
5. 그 밖에 건설공사의 설계 및 시공의 적정성 등에 관한 사항 등 국토교통부장관이 심의를 요청하는 사항

제11조(기술심의위원회 위원의 제척·기피·회피) ① 기술심의위원회의 위원이 다음 각 호의 어느 하나에 해당하는 경우에는 기술심의위원회의 심의·의결에서 제척(除斥)된다.

1. 위원 또는 그 배우자나 배우자였던 사람이 해당 안건의 당사자(당사자가 법인·단체 등인 경우에는 그 임원을 포함한다. 이하 이 호 및 제2호에서 같다)가 되거나 그 안건의 당사자와 공동권리자 또는 공동의무자인 경우
2. 위원이 해당 안건의 당사자와 친족이거나 친족이었던 경우
3. 위원이 해당 안건에 대하여 증언, 진술, 자문, 연구, 용역 또는 감정을 한 경우
4. 위원이나 위원이 속한 법인이 해당 안건의 당사자의 대리인이거나 대리인이었던 경우

② 해당 안건의 당사자는 위원에게 공정한 심의·의결을 기대하기 어려운 사정이 있는 경우에는 기술심의위원회에 기피 신청을 할 수

있고, 기술심의위원회는 의결로 이를 결정한다. 이 경우 기피 신청의 대상인 위원은 그 의결에 참여하지 못한다.

③ 위원이 제1항 각 호에 따른 제척 사유에 해당하는 경우에는 스스로 해당 안건의 심의·의결에서 회피(回避)하여야 한다.

제12조(기술심의위원회 위원의 해임 및 해촉) 국토교통부장관은 기술심의위원회 위원이 다음 각 호의 어느 하나에 해당하는 경우에는 해당 위원을 해임하거나 해촉(解囑)할 수 있다.

1. 심신장애로 인하여 직무를 수행할 수 없게 된 경우

2. 직무와 관련된 비위사실이 있는 경우

3. 직무태만, 품위손상이나 그 밖의 사유로 인하여 위원으로 적합하지 아니하다고 인정되는 경우

4. 제11조제1항 각 호의 어느 하나에 해당하는 데에도 불구하고 회피하지 아니한 경우

5. 위원 스스로 직무를 수행하는 것이 곤란하다고 의사를 밝히는 경우

제13조(기술심의위원회 위원장의 직무) ① 기술심의위원회의 위원장은 기술심의위원회를 대표하고, 기술심의위원회의 업무를 총괄한다.

② 기술심의위원회의 위원장이 부득이한 사유로 직무를 수행할 수 없을 때에는 기술심의위원회 위원장이 미리 지명한 위원이 그 직무를 대행한다.

제14조(기술심의위원회의 회의) ① 기술심의위원회의 위원장은 기술심의위원회의 회의를 소집하고, 그 의장이 된다.

② 기술심의위원회의 회의는 재적위원 과반수의 출석으로 개의(開議)하고, 출석위원 과반수의 찬성으로 의결한다.

③ 기술심의위원회의 위원장은 기술심의위원회의 회의를 소집하는 경우 회의 개최 7일 전까지 회의 일시, 장소 및 안건 등 구체적인 회의 일정을 각 위원에게 알려야 한다. 다만, 긴급히 회의를 소집하

여야 할 경우에는 그러하지 아니하다.

④ 기술심의위원회의 위원장은 기술심의위원회의 심의를 위하여 필요한 경우에는 현장조사를 하거나 관계공무원 또는 관계전문가, 그 밖에 이해관계인으로 하여금 회의에 출석하여 발언하게 하거나 그 의견을 들을 수 있으며, 관계 연구기관 및 관계 전문가에게 기술검토를 의뢰하거나 필요한 자료를 요청할 수 있다.

제15조(기술심의위원회의 간사) ① 기술심의위원회에 기술심의위원회의 사무를 처리할 간사 1명을 둔다.

② 간사는 국토교통부 소속 공무원 중에서 국토교통부장관이 지명한다.

제16조(분야별 소위원회 구성 · 운영) ① 법 제5조제3항에 따른 분야별 소위원회(이하 "소위원회"라 한다)는 위원장 1명을 포함하여 10명 이상 30명 이내의 위원으로 구성한다.

② 소위원회의 위원장은 기술심의위원회의 위원장이 되거나 소위원회의 위원 중에서 기술심의위원회의 위원장이 지명하는 자가 된다.

③ 소위원회의 위원은 기술심의위원회의 위원 중 기술심의위원회의 위원장이 지명하는 사람이 된다.

④ 소위원회의 회의는 소위원회 재적위원 과반수의 출석으로 개의하고, 출석위원 과반수의 찬성으로 의결한다.

⑤ 소위원회의 위원의 제척 · 기피 · 회피 및 지명 철회에 관하여는 각각 제11조 및 제12조를 준용한다.

제17조(운영세칙) 이 영에서 규정한 것 외에 기술심의위원회 및 소위원회의 운영에 필요한 사항은 기술심의위원회의 의결을 거쳐 기술심의위원회의 위원장이 정한다.

제18조(국가에 귀속되지 아니하는 시설) 법 제6조제4항 및 제21조제1항 후단에서 "공항의 유지 · 보수를 위한 시설, 공항이용객 편의시설 등 대통령령으로 정하는 시설"이란 다음 각 호의 어느 하나에

해당하는 시설로서 국토교통부장관이 인정하는 시설을 말한다.

1. 공항구역에 설치하는 공항시설로서 제3조제2호, 제4호(운항지원시설은 제외한다) 또는 제5호의 시설

2. 비행장구역에 설치하는 비행장시설로서 제3조제2호에 따른 시설과 동일하거나 유사한 기능을 가진 시설

3. 그 밖에 공항구역 밖에 설치하는 공항시설

제19조(실시계획의 수립 · 승인) ① 법 제6조제2항 본문에 따라 개발사업에 관한 허가를 받은 자는 법 제7조제1항에 따른 개발사업에 관한 실시계획(이하 "실시계획"이라 한다)을 수립하여 그 허가를 받은 날(해당 사업을 단계적으로 추진할 수 있도록 허가를 받은 경우에는 해당 단계별 허가를 받은 날을 말한다)부터 3년 이내에 법 제7조제3항에 따라 국토교통부장관에게 승인을 신청하여야 한다.

② 국토교통부장관은 부득이한 사유가 있다고 인정하는 경우에는 1년의 범위에서 제1항에 따른 실시계획의 승인신청 기간을 연장할 수 있다.

제20조(행위제한 등) ① 법 제10조제1항 전단에서 "건축물의 건축, 인공구조물의 설치, 토지의 형질변경, 토석의 채취, 토지분할, 물건을 쌓아 놓는 행위 등 대통령령으로 정하는 행위"란 다음 각 호의 행위를 말한다. 〈개정 2021. 3. 16., 2023. 1. 10.〉

1. 건축물의 건축: 「건축법」 제2조제1항제2호에 따른 건축물(가설건축물을 포함한다)의 건축, 대수선 또는 용도변경

2. 인공구조물의 설치: 인공을 가하여 제작한 시설물(「건축법」 제2조제1항제2호에 따른 건축물은 제외한다)의 설치

3. 토지의 형질변경: 절토(땅깎기) · 성토(흙쌓기) · 정지(整地) · 포장(鋪裝) 등의 방법으로 토지의 형상을 변경하는 행위 또는 토지를 굴착하거나 공유수면을 매립하는 행위

4. 토석의 채취: 흙 · 모래 · 자갈 · 바위 등의 토석을 채취하는 행

위. 다만, 토지의 형질변경을 목적으로 하는 것은 제3호에 따른다.

5. 토지분할

6. 물건을 쌓아 놓는 행위: 이동이 쉽지 아니한 물건을 1개월 이상 쌓아 놓는 행위

7. 수산동식물의 포획·채취 또는 양식: 「수산업법」 제2조제8호·제17호에 따른 입어·유어(遊漁) 또는 「양식산업발전법」 제2조제1호에 따른 양식

8. 죽목(竹木)을 베거나 심는 행위

② 국토교통부장관, 해양수산부장관(「공유수면 관리 및 매립에 관한 법률」에 따라 해양수산부장관이 관리하는 공유수면에서의 행위에 대한 것으로 한정한다) 또는 특별자치시장·특별자치도지사·시장·군수 및 자치구의 구청장(이하 "시장·군수·구청장"이라 한다)은 법 제10조제1항에 따라 제1항 각 호의 어느 하나에 해당하는 행위를 허가(변경허가를 포함한다)하려는 경우에는 실시계획이 고시되기 전까지는 국토교통부장관의 의견을 들어야 하며, 실시계획이 고시된 이후에는 법 제6조에 따른 개발사업의 시행자(이하 "사업시행자"라 한다)의 의견을 들어야 한다.

③ 법 제10조제2항제2호에서 "경작을 위한 토지의 형질변경 등 대통령령으로 정하는 행위"란 다음 각 호의 어느 하나에 해당하는 행위를 말한다.

1. 경작을 위한 토지의 형질변경

2. 개발사업에 지장을 주지 아니하고 자연경관을 손상하지 아니하는 범위에서의 토석채취

3. 이동이 쉬운 물건을 쌓아 놓는 행위

4. 관상용 죽목의 임시 식재(경작지에서의 임시 식재는 제외한다)

④ 법 제10조제3항에 따라 공항·비행장개발예정지역 또는 실시계획의 고시 당시 이미 관계 법령에 따라 행위허가를 받았거나 허

가를 받을 필요가 없는 행위에 관하여 그 공사 또는 사업을 착수한 자가 그 공사 또는 사업을 계속하여 시행하기 위하여 국토교통부장관 또는 시장·군수·구청장에게 신고하려는 경우에는 국토교통부령으로 정하는 공항·비행장개발예정지역에서의 개발행위 등 신고서를 제출하여야 한다.

⑤ 제4항에 따라 신고서를 접수한 시장·군수·구청장은 즉시 그 사실을 국토교통부장관에게 통지하여야 한다.

제21조(토지매수업무 등의 위탁) ① 사업시행자는 법 제13조제1항에 따라 관할 지방자치단체의 장에게 토지매수업무, 손실보상업무 및 이주대책사업 등을 위탁하려면 위탁할 업무의 내용 및 위탁조건 등을 명시한 서면을 관할 지방자치단체의 장에게 제출하여야 한다.

② 제1항에 따라 업무위탁을 요청받은 관할 지방자치단체의 장은 특별한 사유가 없으면 이에 따라야 한다.

제22조(매수대상토지의 판정기준) 법 제14조제1항에 따른 공항·비행장개발예정지역으로 고시됨에 따라 그 지역 안의 토지를 종래의 용도로 사용할 수 없어 그 효용이 현저하게 감소한 토지 또는 그 토지의 사용 및 수익이 사실상 불가능한 토지(이하 "매수대상토지"라 한다)의 판정기준은 다음 각 호의 기준에 따른다. 이 경우 매수대상토지의 효용감소, 사용·수익의 사실상 불가능에 대하여 법 제14조제1항에 따라 토지의 매수를 청구한 자(이하 "매수청구인"이라 한다)의 귀책사유가 없어야 한다.

1. 종래의 용도로 사용할 수 없어 그 효용이 현저하게 감소한 토지: 매수청구 당시 매수대상토지를 공항·비행장개발예정지역 지정 이전의 지목(매수청구인이 공항·비행장개발예정지역 지정 이전에 적법하게 지적공부상의 지목과 다르게 사용하고 있었음을 공적자료로 증명하는 경우에는 공항·비행장개발예정지역 지정 이전의 실제 용도를 지목으로 본다)대로 사용할 수 없어 매수청구일 현재 해당

토지의 개별공시지가(「부동산 가격공시에 관한 법률」 제10조에 따른 개별공시지가를 말한다. 이하 같다)가 그 토지가 있는 읍·면·동 안에 지정된 공항·비행장개발예정지역의 동일한 지목의 개별공시지가(매수대상토지의 개별공시지가는 제외한다) 평균치의 100분의 50 미만일 것

2. 토지의 사용 및 수익이 사실상 불가능한 토지: 법 제10조제1항에 따른 행위 등의 제한으로 인하여 해당 토지의 사용 및 수익이 불가능할 것

제23조(매수절차) ① 법 제14조제1항에 따라 토지의 매수를 청구하려는 자는 국토교통부령으로 정하는 토지매수청구서에 다음 각 호의 서류를 첨부하여 사업시행자에게 제출하여야 한다.

1. 토지대장 등본
2. 토지등기사항증명서
3. 토지이용계획확인서
4. 토지의 매수를 청구하는 사유를 적은 서류

② 제1항에도 불구하고 국토교통부장관이 사업시행자인 경우로서 국토교통부장관에게 토지의 매수를 청구하려는 자는 제1항제1호부터 제3호까지의 서류를 제출하지 아니할 수 있다. 이 경우 국토교통부장관은 「전자정부법」 제36조제1항에 따른 행정정보의 공동이용을 통하여 토지대장, 토지등기사항증명서 및 토지이용계획확인서를 확인하여야 한다.

③ 제1항 또는 제2항에 따라 매수청구를 받은 사업시행자는 법 제15조제1항에 따른 매수대상 여부 및 매수예상가격 등을 매수청구인에게 알리기 전에 매수대상토지가 제22조에 따른 기준에 적합한지 판단하여야 한다.

④ 법 제15조제1항에 따른 매수예상가격은 매수청구 당시의 해당 토지의 개별공시지가로 한다.

⑤ 사업시행자는 법 제15조제1항에 따라 매수예상가격을 알린 경우에는 둘 이상의 감정평가법인등(「감정평가 및 감정평가사에 관한 법률」에 따른 감정평가법인등을 말한다. 이하 같다)에게 매수대상토지에 대한 감정평가를 의뢰하여 제25조에 따른 산정방법에 따라 매수대상토지의 매수가격(이하 "매수가격"이라 한다)을 결정하여야 한다. 〈개정 2022. 1. 21.〉

⑥ 사업시행자는 제5항에 따라 감정평가를 의뢰하려는 경우에는 감정평가를 의뢰하기 1개월 전까지 감정평가를 의뢰한다는 사실을 매수청구인에게 알려야 한다.

⑦ 사업시행자는 제5항에 따라 매수가격을 결정하였을 때에는 즉시 이를 매수청구인에게 알려야 한다.

제24조(매수기한) 법 제15조제2항에서 "대통령령으로 정하는 기간"이란 법 제15조제1항에 따라 매수대상 여부를 알린 날부터 3년을 말한다.

제25조(매수가격의 산정방법 등) ① 법 제15조제3항에서 "대통령령으로 정하는 지가변동률, 생산자물가상승률"이란 「부동산 거래신고 등에 관한 법률 시행령」 제17조제1항에 따라 국토교통부장관이 조사한 지가변동률 및 「한국은행법」 제86조에 따라 한국은행이 조사·작성하는 생산자물가지수에 따라 산정된 생산자물가상승률을 말한다.

② 매수가격은 「부동산 가격공시에 관한 법률」 제3조에 따른 표준지공시지가를 기준으로 감정평가법인등 둘 이상이 평가한 금액의 산술평균치로 한다. 〈개정 2022. 1. 21.〉

제26조(감정평가비용의 납부고지 등) ① 법 제16조제2항 본문에 따라 사업시행자는 제23조제5항에 따른 감정평가를 의뢰한 후 매수청구인이 정당한 사유 없이 매수청구의 철회를 통보하는 경우에는 해당 토지에 대한 감정평가 비용의 전부를 매수청구인이 부담하도록 할 수 있다.

② 사업시행자는 제1항에 따라 매수청구의 철회를 통보받은 경우 그 통보일부터 10일 이내에 국토교통부령으로 정하는 감정평가 비용의 납부고지서에 감정평가 비용의 산출내역서를 첨부하여 매수청구인에게 보내야 한다.

③ 제2항에 따른 납부고지서를 받은 매수청구인은 납부기한 내에 고지된 감정평가 비용을 사업시행자에게 납부하여야 한다.

④ 법 제16조제2항 단서에서 “대통령령으로 정하는 비율”이란 100분의 30을 말한다.

제27조(부대공사의 범위) 법 제17조제1항에 따른 부대공사의 범위는 다음 각 호와 같다.

1. 공사용 건설자재의 현장가공·조립·운반·보관 등을 위하여 공항·비행장개발예정지역 또는 그 인근에 설치되는 시설(공사기간 중에 설치되는 시설에 한정한다)의 건설

2. 개발사업에 필요한 토석채취장의 개발

3. 개발사업 공사용 진입도로·접안시설·주차장·야적장 등의 설치 및 그 운영에 필요한 시설의 건설

4. 개발사업과 관련된 건설인력을 수용하기 위한 숙소·편의시설 및 각종 부속시설의 건설

5. 개발사업과 관련된 건설장비 및 검사계측기기의 정비·점검 및 수리를 위한 시설의 건설

6. 항공기 안전운항 및 공역확보에 필요한 구릉(丘陵) 및 구조물 등 장애물의 제거공사

7. 공항시설 또는 비행장시설에서 배출되는 분뇨·오수·폐수 등을 처리하기 위한 중수도시설 및 폐수처리시설의 건설

8. 환경오염도측정을 위한 시설의 건설

9. 그 밖에 건설안전 관련시설 등 개발사업의 시행에 필요하다고 국토교통부장관이 인정하는 시설의 건설

제28조(분리발주의 예외) 법 제19조제2항에서 "대통령령으로 정하는 경우"란 다음 각 호의 어느 하나에 해당하는 경우를 말한다.

1. 특허공법 등 특수한 기술에 의하여 행하여지는 공사로서 분리발주할 경우 하자책임의 구분이 불명확하게 되거나 하나의 목적물을 완성할 수 없게 되는 경우

2. 천재지변 또는 재해로 인한 복구공사로서 발주가 시급하여 분리발주가 곤란한 경우

3. 국방·국가안보 등과 관련되는 공사로서 기밀유지를 위하여 분리발주가 곤란한 경우

4. 「국가를 당사자로 하는 계약에 관한 법률 시행령」 제79조제1항제5호에 따른 설계·시공일괄입찰로 시행하는 공사이거나 「지방자치단체를 당사자로 하는 계약에 관한 법률 시행령」 제95조제1항제5호에 따른 설계·시공일괄입찰로 시행하는 공사로서 분리발주가 곤란한 경우

5. 효율적인 사업추진을 위하여 분리발주가 곤란하다고 국토교통부장관이 기술심의위원회의 심의를 거쳐 인정하는 경우

제29조(투자허가의 신청) 법 제21조제1항에 따라 국토교통부장관이 시행하는 개발사업에 투자하려는 자는 국토교통부령으로 정하는 투자허가신청서에 사업계획서 및 설계도서를 첨부하여 국토교통부장관에게 제출하여야 한다.

제30조(무상사용·수익 허가 등) ① 법 제22조제1항에 따라 국가에 귀속된 공항시설, 비행장시설 또는 국토교통부장관이 관리하는 다른 시설의 무상사용·수익허가를 받으려는 투자자 또는 사업시행자(이하 이 조에서 "투자자등"이라 한다)는 무상사용·수익을 하려는 공항시설, 비행장시설 또는 국토교통부장관이 관리하는 다른 시설의 종류, 무상사용·수익의 목적 및 기간을 적은 신청서를 국토교통부장관에게 제출하여야 한다.

② 국토교통부장관이 법 제22조제1항에 따른 무상사용·수익허가를 할 수 있는 공항시설, 비행장시설 또는 국토교통부장관이 관리하는 다른 시설의 범위는 투자자등이 해당 시설을 무상으로 사용·수익하여도 해당 공항, 비행장 또는 국토교통부장관이 관리하는 다른 시설의 관리·운영에 지장을 주지 아니한다고 인정되는 것으로 한정한다.

③ 법 제22조제1항에 따른 무상사용·수익허가를 위한 총사업비의 산정방법은 해당 개발사업의 준공확인일을 기준으로 그 개발사업과 관련된 다음 각 호의 비용을 합산한 금액으로 한다. 〈개정 2020. 8. 26.〉

1. 조사비: 개발사업의 시행을 위한 측량비와 그 밖의 조사비로서 공사비에 포함되지 아니한 비용

2. 설계비: 개발사업의 시행을 위한 설계에 필요한 비용

3. 공사비: 개발사업의 시행을 위한 재료비, 노무비 및 경비를 합친 금액. 이 경우 각 비용의 산정은 「국가를 당사자로 하는 계약에 관한 법률 시행령」 제9조에 따른 예정가격의 결정기준과 정부표준품셈 및 단가(정부고시가격이 있는 경우에는 그 가격을 말한다)에 따른다.

4. 보상비: 개발사업의 시행을 위하여 지급된 토지매입비[건물, 입목(立木) 등의 매입비를 포함한다], 이주대책비 및 영업권·어업권·양식업권·광업권 등의 권리에 대한 보상비

5. 부대비: 「국가를 당사자로 하는 계약에 관한 법률 시행령」 제9조의 예정가격의 결정기준에 따라 산정한 일반관리비, 환경영향평가비, 시공감리비 등 개발사업 시행허가의 조건을 이행하기 위하여 필요한 모든 비용과 「농지법」 제40조에 따른 농지보전부담금 등

6. 건설이자: 제1호부터 제5호까지의 비용에 대한 건설이자(이자율은 사업기간 중 한국은행이 발표하는 예금은행 정기예금 가중평균

수신금리를 적용한다)

④ 법 제22조제1항에 따라 공항시설, 비행장시설 또는 국토교통부장관이 관리하는 다른 시설을 무상으로 사용·수익할 수 있는 기간은 그 시설을 유상으로 사용할 경우의 사용료 총액이 제1항에 따라 산출된 총사업비에 도달할 때까지로 한다.

제31조(공항시설 및 비행장시설의 설치기준) 법 제24조에 따른 개발사업에 필요한 공항시설 및 비행장시설의 설치기준은 다음 각 호와 같다.

1. 공항 또는 비행장 주변에 항공기의 이륙·착륙에 지장을 주는 장애물이 없을 것. 다만, 해당 공항 또는 비행장의 공사 완료 예정일까지 그 장애물을 확실히 제거할 수 있다고 인정되는 경우는 제외한다.

2. 공항 또는 비행장의 체공선회권(공항 또는 비행장에 착륙하려는 항공기의 체공선회를 위하여 필요하다고 인정하는 공항 또는 비행장 상공의 정해진 공역을 말한다. 이하 같다)이 인접한 공항 또는 비행장의 체공선회권과 중복되지 아니할 것

3. 공항 또는 비행장의 활주로·착륙대·유도로의 길이 및 폭과 각 표면의 경사도 및 공항 또는 비행장의 표지시설 등이 국토교통부령으로 정하는 기준에 적합할 것

제32조(이착륙장의 설치 허가 신청) ① 법 제25조제1항에 따라 국토교통부장관 외의 자가 이착륙장을 설치하려는 경우에는 국토교통부령으로 정하는 이착륙장 설치허가 신청서에 다음 각 호의 서류를 첨부하여 국토교통부장관에게 제출하여야 한다. 이 경우 국토교통부장관은 「전자정부법」 제36조제1항에 따른 행정정보의 공동이용을 통하여 법인 등기사항증명서(신청인이 법인인 경우에 한정한다)를 확인하여야 한다.

1. 이착륙장 설치계획서

2. 이착륙장 설치 예정 부지에 대한 소유권 또는 사용권이 있음을 증명하는 서류(소유권 또는 사용권이 없는 경우에는 이착륙장 설치공사 예정일까지 이를 취득하기 위한 계획서를 말한다)

3. 소유자의 성명·주소가 기재된 토지조서 및 물건조서

4. 공사의 내용을 확인할 수 있는 설계도서(설계도면, 설계설명서, 개략적인 공사비 및 수량산출서를 포함한다)

② 제1항제1호에 따른 이착륙장 설치계획서에는 다음 각 호의 사항이 포함되어야 한다.

1. 이착륙장 시설의 개요 및 설치목적

2. 이착륙장 설치 기간 및 공사 방법

3. 이착륙장 설치에 사용되는 자금의 조달계획

4. 이착륙장을 사용할 예정인 경량항공기 또는 초경량비행장치의 종류

5. 이착륙장 관리계획

6. 이착륙장의 시계비행 절차

7. 이착륙장에 필요한 공역도면 및 인접공역의 현황

8. 인접한 공항 또는 비행장(군 비행장을 포함한다)의 비행절차와의 상관관계를 설명하는 도면

9. 경량항공기 또는 초경량비행장치에 제공되는 항공교통업무의 내용

10. 풍향·풍속도(이착륙장 예정지·예정수면 또는 그 부근에서의 풍속은 최근 1년 이상의 자료에 의하여 작성된 것에 한정한다)

③ 법 제25조제1항에 따라 국토교통부장관 외에 이착륙장을 설치하려는 자는 제1항제4호에도 불구하고 국토교통부장관으로부터 이착륙장 설치 허가를 받은 후 공사를 착수하기 전에 설계도서에 관하여 국토교통부장관으로부터 따로 허가를 받는 조건으로 설계도서를 첨부하지 아니할 수 있다. 이 경우 이착륙장 설치에 소요되는 추

정 비용(공사비를 포함한다) 및 시설배치계획 도면을 설계도서 대신 제출하여야 한다.

제33조(이착륙장의 설치기준) 법 제25조제1항에 따른 이착륙장의 설치기준은 다음 각 호와 같다.

1. 이착륙장 주변에 경량항공기 또는 초경량비행장치의 이륙 또는 착륙에 지장을 주는 장애물이 없을 것. 다만, 해당 이착륙장의 공사완료 예정일까지 그 장애물을 확실히 제거할 수 있다고 인정되는 경우는 제외한다.

2. 이착륙장 활주로의 길이·폭과 활주로 안전구역 및 활주로 보호구역의 길이·폭 등이 국토교통부장관이 정하여 고시하는 기준에 적합할 것

제34조(이착륙장의 관리기준) ① 법 제25조제2항에 따른 이착륙장의 관리기준은 다음 각 호와 같다.

1. 제33조에 따른 이착륙장의 설치기준에 적합하도록 유지할 것

2. 이착륙장 시설의 기능 유지를 위하여 점검·청소 등을 할 것

3. 개량이나 그 밖의 공사를 하는 경우에는 필요한 표지의 설치 또는 그 밖의 적절한 조치를 하여 경량항공기 또는 초경량비행장치의 이륙 또는 착륙을 방해하지 아니할 것

4. 이착륙장에 사람·차량 등이 임의로 출입하지 아니하도록 할 것

5. 기상악화, 천재지변이나 그 밖의 원인으로 인하여 경량항공기 또는 초경량비행장치의 안전한 이륙 또는 착륙이 곤란할 우려가 있는 경우에는 지체 없이 해당 이착륙장의 사용을 일시 정지하는 등 위해를 예방하기 위하여 필요한 조치를 할 것

6. 관계 행정기관 및 유사시에 지원하기로 협의된 기관과 수시로 연락할 수 있는 설비 또는 비상연락망을 갖출 것

7. 그 밖에 국토교통부장관이 정하여 고시하는 이착륙장 관리기준

에 적합하게 관리할 것

② 이착륙장을 관리하는 자는 다음 각 호의 사항이 포함된 이착륙장 관리규정을 정하여 관리하여야 한다.

1. 이착륙장의 운용 시간

2. 이륙 또는 착륙의 방향과 비행구역 등을 특별히 한정하는 경우에는 그 내용

3. 경량항공기 또는 초경량비행장치를 위한 연료·자재 등의 보급 장소, 정비·점검 장소 및 계류 장소(해당 보급·정비·점검 등의 방법을 지정하려는 경우에는 그 방법을 포함한다)

4. 이착륙장의 출입 제한 방법

5. 이착륙장 안에서의 행위를 제한하는 경우에는 그 제한 대상 행위

6. 경량항공기 또는 초경량비행장치의 안전한 이륙 또는 착륙을 위한 이착륙 절차의 준수에 관한 사항

③ 이착륙장을 관리하는 자는 다음 각 호의 사항이 기록된 이착륙장 관리대장을 갖추어 두고 관리하여야 한다.

1. 이착륙장의 설비상황

2. 이착륙장 시설의 신설·증설·개량 등 시설의 변동 내용

3. 재해·사고 등이 발생한 경우에는 그 시각·원인·상황과 이에 대한 조치

4. 관계 기관과의 연락사항

5. 경량항공기 또는 초경량비행장치의 이착륙장 사용상황

제35조(공항시설 또는 비행장시설의 관리에 대한 검사) ① 국토교통부장관은 법 제31조제2항에 따라 공항시설 또는 비행장시설이 시설관리기준에 맞게 관리되는지를 확인하기 위하여 필요한 검사를 연 1회 이상 실시하여야 한다. 다만, 휴지(休止) 중인 공항시설 또는 비행장시설은 검사를 하지 아니할 수 있다.

② 제1항에 따른 검사의 절차·방법 및 항목 등에 관하여 필요한 사항은 국토교통부장관이 정하여 고시한다.

제35조의2 삭제 〈2024. 8. 13.〉

제35조의3(항공관련업무 수행단체 및 종사자의 지상안전관리기준) ① 법 제31조의2제1항제7호에서 "대통령령으로 정하는 기준"이란 다음 각 호의 기준을 말한다.

1. 업무별 표준 작업 절차를 마련하고 항공관련업무 수행단체에 소속되어 법 제2조제11호의2에 따른 항공 관련 업무에 종사하는 사람(이하 "항공관련업무종사자"라 한다)이 그 내용을 알 수 있도록 할 것

2. 공항운영자가 정하는 바에 따라 차량 및 장비에 안전장치를 설치하고 승차정원 또는 화물적재량을 표기할 것

② 법 제31조의3제1항제8호에서 "대통령령으로 정하는 기준"이란 다음 각 호의 기준을 말한다.

1. 항공기 및 차량 등의 연료가 유출된 경우 즉시 공항운영자에게 알리고 이를 제거하는 등 필요한 조치를 할 것

2. 공항운영자가 정하는 바에 따라 차량 및 장비를 견인할 것

3. 그 밖에 지상안전사고의 예방과 차량 및 장비의 안전운행을 위하여 공항운영자가 정하는 차량 및 장비의 통행방법 등을 준수할 것

[전문개정 2024. 8. 13.]

제35조의4(사용료의 징수 등) ① 법 제32조제5항 전단에 따른 연체금은 체납기간 1일마다 체납된 사용료에 1일 10만분의 28의 율을 초과하지 않는 범위에서 공항시설 또는 비행장시설을 관리·운영하는 자가 정하는 연체이자율을 곱하여 산정한 금액으로 한다. 이 경우 공항시설 또는 비행장시설을 관리·운영하는 자 중 「인천국제공항공사법」에 따른 인천국제공항공사 및 「한국공항공사법」에 따른 한

국공항공사가 연체이자율을 정하는 경우에는 이사회의 의결을 거쳐야 한다.

② 법 제32조제5항 후단에 따른 연체금의 한도는 체납된 사용료의 100분의 30으로 한다.

③ 공항시설 또는 비행장시설을 관리·운영하는 자는 법 제32조제1항에 따른 사용료를 내야 할 자가 납부기한까지 사용료를 내지 않으면 15일 이내의 기간을 정하여 납부를 고지해야 한다. 이 경우 고지한 기한까지 사용료와 연체금을 내지 않은 때에는 두 번 이내의 범위에서 다시 납부를 고지하되, 마지막 고지에 의한 납부기한은 전단에 따른 납부고지일부터 3개월 이내가 되도록 해야 하며, 이후 1년에 한 번 이상 독촉을 해야 한다.

④ 국토교통부장관은 법 제32조에 따른 사용료의 징수 등과 관련하여 공항시설 또는 비행장시설을 관리·운영하는 자에게 관련 자료의 제출 등을 요청할 수 있다.

[본조신설 2025. 7. 31.]

제36조(장애물 제한 및 제거에 따른 손실보상 등) ① 법 제34조의2제2항에 따라 손실보상을 받으려는 자는 다음 각 호의 사항을 적은 국토교통부령으로 정하는 신청서에 그 장애물에 대한 소유권 또는 그 밖의 권리를 가진 자임을 증명하는 서류 및 장애물을 표시하는 도면을 첨부하여 국토교통부장관 또는 국토교통부장관 외의 사업시행자 및 공항시설 또는 비행장시설을 관리·운영하는 자(이하 "사업시행자등"이라 한다)에게 제출해야 한다. 〈개정 2023. 10. 18.〉

1. 소유자 및 그 밖의 이해관계인의 성명과 주소

2. 장애물 및 그 밖에 그와 관련되는 물건의 소재지·종류·면적 및 수량

3. 손실보상 요구 명세

② 법 제34조의2제4항에 따라 장애물 또는 그 장애물이 설치되어

있는 토지의 매수를 요구하려는 자는 다음 각 호의 사항을 적은 국토교통부령으로 정하는 신청서에 장애물 또는 토지에 대한 소유권이 있음을 증명하는 서류와 장애물 또는 토지를 표시하는 도면을 첨부하여 국토교통부장관 또는 사업시행자등에게 제출하여야 한다. 〈개정 2023. 10. 18.〉

1. 소유자 및 그 밖의 이해관계인의 성명과 주소
2. 장애물 또는 토지의 소재지 · 종류 · 면적 및 수량

③ 국토교통부장관 또는 사업시행자등이 법 제34조의2제4항에 따라 장애물 또는 토지를 매수하려는 경우 매수가격은 당사자 간의 협의로 결정하되, 협의가 이루어지지 아니하거나 협의를 할 수 없는 경우에는 둘 이상의 감정평가법인등에게 의뢰하여 평가한 금액의 산술평균치로 한다. 〈개정 2022. 1. 21., 2023. 10. 18.〉

④ 제3항에 따른 감정평가를 위하여 당사자는 각각 감정평가법인등 하나를 선정할 수 있으며, 어느 한쪽이 감정평가업자등을 추천하지 아니하는 경우에는 상대방 어느 한쪽이 감정평가법인등 둘을 선정할 수 있다. 〈개정 2022. 1. 21.〉

⑤ 제3항에 따른 감정평가에 필요한 비용은 국토교통부장관 또는 사업시행자등이 부담하여야 한다.

⑥ 법 제34조의2제8항에 따라 국토교통부장관 또는 사업시행자등이 「공익사업을 위한 토지 등의 취득 및 보상에 관한 법률」 제51조에 따른 관할 토지수용위원회에 재결을 신청하려는 경우에는 장애물에 대한 소유권 및 그 밖의 권리를 가진 자에게 그 사실을 미리 알려야 한다. 〈개정 2023. 10. 18.〉

[제목개정 2023. 10. 18.]

제37조(항공학적 검토위원회의 구성) ① 법 제35조제1항에 따른 항공학적 검토위원회(이하 "검토위원회"라 한다)의 위원장은 검토위원회의 위원 중에서 국토교통부장관이 지명하는 사람이 된다.

② 검토위원회의 위원은 다음 각 호의 사람 중에서 국토교통부장관이 임명하거나 위촉한다.

1. 항공 업무와 관련된 국토교통부 소속의 5급 이상 공무원

2. 공항의 개발ㆍ운영 등 항공 관련 학식과 경험이 풍부한 사람

③ 제2항제2호에 따른 위원의 임기는 2년으로 한다.

제38조(검토위원회의 기능) 검토위원회는 다음 각 호의 사항을 심의ㆍ의결한다. 〈개정 2023. 10. 18.〉

1. 법 제34조제4항 전단에 따른 항공학적 검토 결과보고서에 관한 사항

2. 그 밖에 항공학적 검토와 관련하여 검토위원회의 위원장이 필요하다고 인정하는 사항

제39조(검토위원회 위원의 제척ㆍ기피ㆍ회피) ① 검토위원회의 위원이 다음 각 호의 어느 하나에 해당하는 경우에는 검토위원회의 심의ㆍ의결에서 제척된다.

1. 위원 또는 그 배우자나 배우자였던 사람이 해당 안건의 당사자(당사자가 법인ㆍ단체 등인 경우에는 그 임원을 포함한다. 이하 이 호 및 제2호에서 같다)가 되거나 그 안건의 당사자와 공동권리자 또는 공동의무자인 경우

2. 위원이 해당 안건의 당사자와 친족이거나 친족이었던 경우

3. 위원이 해당 안건에 대하여 증언, 진술, 자문, 연구, 용역 또는 감정을 한 경우

4. 위원이나 위원이 속한 법인이 해당 안건의 당사자의 대리인이거나 대리인이었던 경우

② 해당 안건의 당사자는 검토위원회의 위원에게 공정한 심의ㆍ의결을 기대하기 어려운 사정이 있는 경우에는 검토위원회에 기피 신청을 할 수 있고, 검토위원회는 의결로 이를 결정한다. 이 경우 기피 신청의 대상인 위원은 그 의결에 참여하지 못한다.

③ 위원이 제1항 각 호에 따른 제척 사유에 해당하는 경우에는 스스로 해당 안건의 심의·의결에서 회피하여야 한다.

제40조(검토위원회 위원의 해임 및 해촉) 국토교통부장관은 검토위원회 위원이 다음 각 호의 어느 하나에 해당하는 경우에는 해당 위원을 해임하거나 해촉할 수 있다.

1. 심신장애로 인하여 직무를 수행할 수 없게 된 경우
2. 직무와 관련된 비위사실이 있는 경우
3. 직무태만, 품위손상이나 그 밖의 사유로 인하여 위원으로 적합하지 아니하다고 인정되는 경우
4. 제39조제1항 각 호의 어느 하나에 해당하는 데에도 불구하고 회피하지 아니한 경우
5. 위원 스스로 직무를 수행하는 것이 곤란하다고 의사를 밝히는 경우

제41조(검토위원회 위원장의 직무) ① 검토위원회의 위원장은 검토위원회를 대표하고, 검토위원회의 업무를 총괄한다.

② 검토위원회의 위원장이 부득이한 사유로 직무를 수행할 수 없을 때에는 검토위원회의 위원장이 미리 지명한 검토위원회의 위원이 그 직무를 대행한다.

제42조(검토위원회의 운영) ① 검토위원회의 위원장은 검토위원회의 회의를 소집하고, 그 의장이 된다.

② 검토위원회의 회의는 재적위원 3분의 2 이상의 출석으로 개의하고, 출석위원 과반수의 찬성으로 의결한다.

③ 검토위원회의 위원장은 검토위원회의 회의를 소집하는 경우 회의 개최 7일 전까지 회의 일시, 장소 및 안건 등 구체적인 회의 일정을 검토위원회의 각 위원에게 알려야 한다. 다만, 긴급히 회의를 소집하여야 할 경우에는 그러하지 아니하다.

제43조(검토위원회의 간사) ① 검토위원회에 검토위원회의 사무를

처리할 간사 1명을 둔다.

② 간사는 국토교통부에서 항공학적 검토 업무를 담당하는 과장이 된다.

제44조(검토위원회의 운영세칙) 이 영에서 규정한 것 외에 검토위원회의 운영에 필요한 사항은 검토위원회의 의결을 거쳐 위원장이 정한다.

제45조(항공장애 표시등 및 항공장애 주간표지의 설치로 인한 손실보상) ① 법 제36조제4항 후단에 따른 손실보상의 금액은 당사자 간의 협의로 결정하되, 협의가 이루어지지 아니하거나 협의를 할 수 없는 경우에는 둘 이상의 감정평가법인등에게 의뢰하여 평가한 금액의 산술평균치로 한다. 〈개정 2022. 1. 21.〉

② 제1항에 따른 감정평가를 위하여 당사자는 각각 감정평가법인등 하나를 선정할 수 있으며, 어느 한쪽이 감정평가법인등을 추천하지 아니하는 경우에는 상대방 어느 한쪽이 감정평가법인등 둘을 선정할 수 있다. 〈개정 2022. 1. 21.〉

③ 제1항에 따른 감정평가에 필요한 비용은 국토교통부장관 또는 사업시행자등이 부담하여야 한다.

④ 제1항에 따른 보상은 당사자 간의 별도 합의가 없는 경우 현금으로 보상하여야 한다.

제46조(검사 또는 시정명령 권한의 위탁) 국토교통부장관은 법 제36조제12항에 따라 같은 조 제9항에 따른 표시등 및 표지 관리 실태의 검사 또는 시정명령 권한을 「한국교통안전공단법」에 따른 한국교통안전공단(이하 "한국교통안전공단"이라 한다)에 위탁한다. 〈개정 2018. 2. 9., 2019. 2. 8.〉

제47조(공항운영증명을 받아야 하는 공항 등) ① 법 제38조제1항에서 "국제항공노선이 있는 공항 등 대통령령으로 정하는 공항"이란 인천 · 김포 · 김해 · 제주 · 청주 · 무안 · 양양 · 대구 · 광주공항 및 그

밖에 국토교통부장관이 정하여 고시하는 공항을 말한다.

② 국토교통부장관은 법 제38조제2항에 따라 다음 각 호에 따른 등급으로 구분하여 같은 조 제1항에 따른 공항운영증명(이하 “공항운영증명”이라 한다)을 할 수 있다.

1. 1등급: 「항공사업법」 제2조제9호 및 제11호에 따른 국내항공운송사업 및 국제항공운송사업에 사용되고 최근 5년 평균 연간 운항횟수가 3만회 이상인 공항(부정기편만 운항하는 공항은 제외한다)에 대한 공항운영증명

2. 2등급: 「항공사업법」 제2조제9호 및 제11호에 따른 국내항공운송사업 및 국제항공운송사업에 사용되고 최근 5년 평균 연간 운항횟수가 3만회 미만인 공항(부정기편만 운항하는 공항은 제외한다)에 대한 공항운영증명

3. 3등급: 「항공사업법」 제2조제9호에 따른 국내항공운송사업에 사용되는 공항(부정기편만 운항하는 공항은 제외한다)에 대한 공항운영증명

4. 4등급: 제1호부터 제3호까지에 해당하지 아니하는 공항으로서 「항공사업법」 제2조제7호에 따른 항공운송사업에 사용되는 공항에 대한 공항운영증명

제48조(항행안전시설 설치에 관한 실시계획의 수립·승인 등) ① 법 제43조제2항에 따라 항행안전시설의 설치에 관한 허가를 받은 자는 법 제44조제1항에 따른 항행안전시설 설치에 관한 실시계획을 수립하여 그 허가를 받은 날(해당 사업을 단계적으로 추진할 수 있도록 허가를 받은 경우에는 해당 단계별 허가를 받은 날을 말한다)부터 3년 이내에 법 제44조제3항에 따라 국토교통부장관에게 승인을 신청하여야 한다.

② 국토교통부장관은 부득이한 사유가 있다고 인정하는 경우에는 1년의 범위에서 제1항에 따른 실시계획의 승인신청 기간을 연장할

수 있다.

제49조(항행안전시설의 관리에 대한 검사) 국토교통부장관은 법 제47조제2항에 따라 항행안전시설이 항행안전시설관리기준에 맞게 관리되는지를 확인하기 위하여 필요한 검사를 연 1회 이상 실시하여야 한다. 다만, 휴지 중인 항행안전시설은 검사를 하지 아니할 수 있다.

제50조(금지행위) 법 제56조제6항제4호에서 "대통령령으로 정하는 행위"란 다음 각 호의 행위를 말한다. 〈개정 2021. 3. 16.〉

1. 노숙(露宿)하는 행위
2. 폭언 또는 고성방가 등 소란을 피우는 행위
3. 광고물을 설치·부착하거나 배포하는 행위
4. 기부를 요청하거나 물품을 배부 또는 권유하는 행위
5. 공항의 시설이나 주차장의 차량을 훼손하거나 더럽히는 행위
6. 공항운영자가 지정한 장소 외의 장소에 쓰레기 등의 물건을 버리는 행위
7. 무기, 폭발물 또는 가연성 물질을 휴대하거나 운반하는 행위(공항 내의 사업자 또는 영업자 등이 그 업무 또는 영업을 위하여 하는 경우는 제외한다)
8. 불을 피우는 행위
9. 내화구조와 소화설비를 갖춘 장소 또는 야외 외의 장소에서 가연성 또는 휘발성 액체를 사용하여 항공기, 발동기, 프로펠러 등을 청소하는 행위
10. 공항운영자가 정한 구역 외의 장소에 가연성 액체가스 등을 보관하거나 저장하는 행위
11. 흡연구역 외의 장소에서 담배를 피우는 행위
12. 기름을 넣거나 배출하는 작업 중인 항공기로부터 30미터 이내의 장소에서 담배를 피우는 행위

13. 기름을 넣거나 배출하는 작업, 정비 또는 시운전 중인 항공기로부터 30미터 이내의 장소에 들어가는 행위(그 작업에 종사하는 사람은 제외한다)

14. 내화구조와 통풍설비를 갖춘 장소 외의 장소에서 기계칠을 하는 행위

15. 휘발성·가연성 물질을 사용하여 격납고 또는 건물 바닥을 청소하는 행위

16. 기름이 묻은 걸레 등의 폐기물을 해당 폐기물에 의하여 부식되거나 훼손될 수 있는 보관용기에 담거나 버리는 행위

17. 「드론 활용의 촉진 및 기반조성에 관한 법률」 제2조제1항제1호에 따른 드론을 공항이나 비행장에 진입시키는 행위

[전문개정 2018. 8. 21.]

제50조의2(손실보상의 대상 및 기준) ① 법 제56조의3제1항에 따라 국가, 지방자치단체, 공항운영자 또는 비행장시설을 관리·운영하는 자는 법 제56조제3항에 따른 퇴치등(이하 "퇴치등"이라 한다)으로 인하여 다음 각 호의 어느 하나에 해당하는 손실을 입은 자에 대하여 그 손실을 보상해야 한다.

1. 손실발생의 원인에 대하여 책임이 없는 자가 입은 생명·신체 또는 재산상의 손실(손실발생의 원인에 대하여 책임이 없는 사람이 퇴치등에 자발적으로 협조하거나 물건을 제공하여 입은 생명·신체 또는 재산상의 손실을 포함한다)

2. 손실발생의 원인에 대하여 책임이 있는 자가 자신의 책임 범위를 넘어서 입은 생명·신체 또는 재산상의 손실

② 퇴치등으로 인한 손실보상의 기준은 별표 1과 같다.

[본조신설 2024. 8. 13.]

제50조의3(손실보상의 절차 및 방법) ① 법 제56조의3제1항에 따라 손실을 보상받으려는 자(이하 이 조에서 "손실보상청구인"이라 한다)

는 국토교통부령으로 정하는 보상금 지급 청구서에 손실내용과 손실금액을 증명할 수 있는 서류를 첨부하여 손실보상기관(퇴치등으로 인하여 손실을 입은 자에 대하여 그 손실을 보상해야 하는 국가, 지방자치단체, 공항운영자 또는 비행장시설을 관리·운영하는 자를 말한다. 이하 같다)에 제출해야 한다.

② 손실보상기관은 손실보상금의 산정을 위하여 손실보상청구인에게 증빙·보완 자료의 제출을 요구할 수 있으며, 「감정평가 및 감정평가사에 관한 법률」에 따른 감정평가사 등 전문기관에 손실보상금의 산정을 의뢰할 수 있다.

③ 손실보상기관은 손실보상금의 지급 여부 및 별표 1의 기준에 따른 보상금액을 결정하여 제1항에 따른 청구를 받은 날부터 60일 이내에 손실보상청구인에게 손실보상금을 지급해야 한다. 다만, 부득이한 사유가 있는 경우에는 손실보상을 청구한 자에게 그 사유를 통지하고 30일의 범위에서 그 기간을 한 차례 연장할 수 있다.

④ 손실보상금은 현금으로 일시 지급하되, 예산 부족 등의 사유로 일시금으로 지급할 수 없는 특별한 사정이 있는 경우에는 손실보상청구인의 동의를 받아 분할하여 지급할 수 있다.

⑤ 손실보상금을 지급받은 자는 손실보상금을 지급받은 원인과 동일한 원인으로 부상이 악화되거나 새로 발견되어 다음 각 호에 해당하게 된 경우에는 손실보상금의 추가 지급을 청구할 수 있다. 이 경우 추가 지급의 절차 및 방법 등에 관하여는 제1항부터 제4항까지의 규정을 준용한다.

1. 별표 1 제3호나목에 따른 부상등급이 변경된 경우(부상등급 외의 부상에서 제1급부터 제8급까지의 등급으로 변경된 경우를 포함한다)

2. 별표 1 제3호나목에 따른 부상등급 외의 부상에 대하여 부상등급의 변경은 없으나 손실보상금의 추가 지급이 필요한 경우

⑥ 제1항부터 제5항까지에서 규정한 사항 외에 손실보상의 청구 및 지급에 필요한 사항은 국토교통부장관이 정하여 고시한다.

[본조신설 2024. 8. 13.]

제50조의4(구상권의 행사) ① 손실보상기관은 제50조의3에 따라 손실보상금의 지급을 완료한 경우에는 퇴치등의 대상인 초경량비행장치를 사용하여 비행한 자(이하 이 조에서 "피구상권자"라 한다)에 대하여 법 제56조의3제2항에 따라 구상권을 행사할 수 있다. 다만, 손실보상금을 제50조의3제4항에 따라 분할하여 지급하는 경우에는 각각의 손실보상금의 지급을 완료하고 해당 부분에 대하여 구상권을 행사할 수 있다.

② 손실보상기관은 제1항에 따라 구상권을 행사하려면 구상금액 산출근거 등을 명확히 밝혀 구상금을 낼 것을 서면으로 피구상권자에게 통지해야 한다.

[본조신설 2024. 8. 13.]

제51조(허가 등의 취소에 관한 고시) 국토교통부장관은 법 제58조제1항에 따른 허가·승인의 취소 또는 허가·승인의 효력의 정지, 공사의 중지 명령 등의 필요한 처분을 하였을 때에는 법 제58조제2항에 따라 다음 각 호의 사항을 고시하여야 한다.

1. 사업의 명칭 또는 실시계획의 명칭

2. 사업시행자 또는 법 제44조제1항에 따른 항행안전시설설치자의 성명 및 주소(법인인 경우에는 법인의 명칭 및 주소와 대표자의 성명 및 주소)

3. 처분의 내용 및 사유

4. 그 밖에 국토교통부장관이 필요하다고 인정하는 사항

제52조(과징금을 부과하는 위반행위와 과징금의 금액) ① 법 제41조제1항에 따른 공항운영의 정지 명령을 갈음하여 법 제59조제1항에 따라 과징금을 부과하는 위반행위의 종류와 위반 정도 등에 따

른 과징금의 금액은 별표 1의2와 같다. 〈개정 2024. 8. 13.〉

② 법 제58조제1항에 따른 사업의 시행 및 관리에 관한 허가·승인의 효력 정지, 공사의 중지 명령을 갈음하여 법 제59조제1항에 따라 과징금을 부과하는 위반행위의 종류와 위반 정도 등에 따른 과징금의 금액은 별표 2와 같다.

제53조(과징금의 부과 및 납부) ① 국토교통부장관은 법 제59조제1항에 따라 과징금을 부과하려면 그 위반행위의 종류와 해당 과징금의 금액을 구체적으로 적어 서면으로 통지하여야 한다.

② 제1항에 따라 통지를 받은 자는 통지를 받은 날부터 20일 이내에 국토교통부장관이 정하는 수납기관에 과징금을 내야 한다. 〈개정 2023. 12. 12.〉

③ 제2항에 따라 과징금을 받은 수납기관은 그 납부자에게 영수증을 발급하여야 한다.

④ 과징금의 수납기관은 제2항에 따른 과징금을 받으면 지체 없이 그 사실을 국토교통부장관에게 통보하여야 한다.

⑤ 삭제 〈2021. 9. 24.〉

제54조(과징금의 독촉 및 징수) ① 국토교통부장관은 제53조제1항에 따라 과징금의 납부통지를 받은 자가 납부기한까지 과징금을 내지 아니하면 납부기한이 지난 날부터 7일 이내에 독촉장을 발급하여야 한다. 이 경우 납부기한은 독촉장 발급일부터 10일 이내로 하여야 한다.

② 국토교통부장관은 제1항에 따라 독촉을 받은 자가 납부기한까지 과징금을 내지 아니한 경우에는 소속 공무원으로 하여금 국세 체납처분의 예에 따라 과징금을 강제징수하게 할 수 있다.

제55조(권한의 위임·위탁) ① 국토교통부장관은 법 제61조에 따라 다음 각 호의 권한을 지방항공청장에게 위임한다. 다만, 국토교통부장관이 직접 시행하는 것으로 정하여 고시하는 개발사업과 관련된

제1호, 제3호, 제6호부터 제21호까지, 제23호부터 제25호까지, 제30호, 제32호 및 제33호의 권한은 제외한다. 〈개정 2018. 2. 9., 2018. 6. 26., 2023. 10. 18., 2024. 8. 13., 2025. 7. 31.〉

1. 법 제6조제1항에 따른 개발사업의 시행

2. 법 제6조제2항에 따른 개발사업의 시행허가

3. 법 제7조제1항에 따른 실시계획의 수립

4. 법 제7조제3항에 따른 실시계획의 승인 및 변경 승인

5. 법 제7조제4항에 따른 변경신고의 수리

6. 법 제7조제5항에 따른 기술심의위원회에 대한 심의의 요청

7. 법 제7조제6항에 따른 실시계획의 고시

8. 법 제7조제7항에 따른 실시계획 관계 서류 사본의 통지 및 같은 조 제8항 후단에 따른 지형도면의 고시 등에 필요한 서류의 제출

9. 법 제7조제9항에 따른 고시 및 토지등의 소유자 및 권리자에 대한 통지

10. 법 제9조제2항 후단에 따른 관계 행정기관의 장과의 협의

11. 법 제9조제3항에 따른 기획재정부장관과의 협의

12. 법 제10조제1항에 따른 건축물의 건축 등 행위에 관한 허가 및 변경 허가

13. 법 제10조제3항에 따른 신고의 수리

14. 법 제10조제4항에 따른 원상회복 명령 및 「행정대집행법」에 따른 대집행

15. 법 제12조제1항에 따른 수용 또는 사용

16. 법 제13조제3항에 따른 손실보상

17. 법 제14조에 따른 매수청구의 접수

18. 법 제15조제1항에 따른 매수대상 여부 및 매수예상가격 등의 통지

19. 법 제15조제2항에 따른 매수계획의 수립 및 매수

20. 법 제16조제1항에 따른 비용의 부담 및 같은 조 제3항에 따른 비용의 징수

21. 법 제17조제1항에 따른 부대공사의 시행

22. 법 제18조에 따른 사업시행자와의 협의, 사업시행자를 대행한 개발사업의 시행 및 사업시행자를 대행할 제3자의 선정

23. 법 제19조제2항에 따른 건설공사의 발주

24. 법 제19조제3항 전단에 따른 개발사업에 직접 필요한 건설자재의 생산시설에 관한 인정 및 건설자재의 생산시설의 신설·증설 또는 이전

25. 법 제19조제4항에 따른 원상회복

26. 법 제20조제1항에 따른 공사준공 보고서의 접수 및 준공확인

27. 법 제20조제2항에 따른 보고의 접수

28. 법 제20조제3항에 따른 준공확인에 필요한 검사의 의뢰

29. 법 제20조제4항에 따른 준공확인증명서의 발급

30. 법 제20조제5항에 따른 고시

31. 법 제20조제7항 단서에 따른 준공확인 전 사용허가

32. 법 제21조제1항에 따른 투자허가

33. 법 제22조제1항에 따른 무상사용·수익허가, 같은 조 제2항에 따른 무상사용·수익허가의 취소 및 필요한 조치

34. 법 제25조제1항에 따른 이착륙장의 설치, 이착륙장 설치에 관한 허가 및 관계 중앙행정기관의 장 및 관할 시장·군수·구청장과의 사전협의

35. 법 제25조제2항에 따른 이착륙장의 관리

36. 법 제25조제6항에 따른 명령 및 허가의 취소

37. 법 제25조제7항에 따른 허가 또는 승인의 취소 등 필요한 처분

38. 법 제25조제8항에 따른 이착륙장 사용의 중지 명령

39. 법 제31조제2항 본문에 따른 검사

39의2. 법 제31조의2제4항 전단에 따른 특별안전교육의 실시 요청

40. 법 제31조의3제2항에 따른 해당 업무(운전업무를 제외한다) 정지명령, 공항운영자에게 하는 운전업무의 승인 취소 및 운전업무의 정지 명령

40의2. 법 제31조의4제2항에 따른 지상안전관리기준의 준수 여부 점검

40의3. 법 제31조의4제3항에 따른 위반사항 등을 파악하기 위한 조사

41. 법 제32조제1항, 제5항 및 제6항에 따른 공항시설, 비행장시설 또는 항행안전시설에 대한 사용료·연체금의 징수 및 국세 강제징수의 예에 따른 징수

42. 법 제33조제1항에 따른 공항시설 사용의 휴지 또는 폐지에 대한 승인

43. 법 제33조제2항에 따른 비행장시설의 휴지 또는 폐지에 대한 신고의 수리

44. 법 제33조제3항에 따른 공항시설 또는 비행장시설 사용의 재개(再開)에 대한 승인 및 시설설치기준 및 시설관리기준에 따른 검사

45. 법 제33조제4항에 따른 고시

46. 법 제34조의2제1항에 따른 장애물의 제한이나 제거 요구 및 같은 조 제2항에 따른 장애물의 제한이나 제거로 인한 손실보상

47. 법 제34조의2제4항에 따른 장애물 또는 토지의 매수 요구에 대한 접수

48. 법 제34조의2제5항에 따른 장애물의 제한이나 제거 명령 및 같은 조 제6항에 따른 손실보상

49. 법 제34조의2제9항에 따른 장애물의 제한이나 제거 명령

50. 법 제34조의2제10항에 따른 장애물의 제한이나 제거

51. 법 제36조제1항 및 제3항에 따른 표시등 및 표지의 설치

52. 법 제36조제4항에 따른 손실보상

53. 법 제36조제5항에 따른 표시등 또는 표지의 설치에 관한 협의 및 신고의 접수

54. 법 제36조제6항에 따른 표시등 또는 표지의 철거와 변경에 관한 협의 및 신고의 접수

55. 법 제36조제8항에 따른 표시등 또는 표지의 설치 명령

56. 법 제36조제9항에 따른 검사 및 시정명령

57. 법 제36조제10항에 따른 시정명령 이행에 관한 보고의 접수

58. 법 제36조제11항에 따른 시정명령의 이행 상태 등에 대한 확인

59. 법 제37조제2항에 따른 유사등화에 대한 소등 등의 명령

60. 법 제40조제1항 및 제2항에 따른 검사 및 시정조치 명령

61. 항행안전시설(항공로용으로 사용되는 항공정보통신시설 및 항행안전무선시설은 제외하되, 타목, 거목 및 너목에서는 포함한다)에 대한 다음 각 목의 권한

가. 법 제43조제1항에 따른 항행안전시설의 설치

나. 법 제43조제2항에 따른 항행안전시설 설치의 허가

다. 법 제44조제1항에 따른 항행안전시설 설치에 관한 실시계획의 수립

라. 법 제44조제3항에 따른 항행안전시설 설치에 관한 실시계획의 승인 및 변경승인

마. 법 제44조제4항에 따른 신고의 수리

바. 법 제44조제5항에 따른 고시

사. 법 제45조제1항 및 제3항에 따른 완성검사 및 완성검사확인증의 발급

아. 법 제45조제4항에 따른 지정 · 고시

자. 법 제45조제5항 단서에 따른 완성검사확인증 발급 전 사용허가

차. 법 제46조제1항에 따른 항행안전시설 변경허가

카. 법 제47조제2항에 따른 검사

타. 법 제48조제1항에 따른 비행검사(서울지방항공청장만 해당한다)

파. 법 제49조제1항 및 제2항에 따른 항행안전시설의 휴지 · 폐지 또는 사용 재개에 관한 승인

하. 법 제49조제3항에 따른 항행안전시설의 휴지 · 폐지 또는 사용 재개에 관한 고시

거. 법 제50조제1항에 따른 항행안전시설 사용료의 징수

너. 법 제50조제2항에 따른 항행안전시설 사용료 신고의 수리 및 사용료 변경신고의 수리

더. 법 제51조에 따른 지위승계 신고의 수리

러. 법 제53조제1항에 따른 항공통신업무의 수행

62. 법 제56조제7항에 따른 제지 또는 퇴거 명령

62의2. 법 제56조의3제1항에 따른 손실보상

62의3. 법 제56조의3제2항에 따른 구상권의 행사

63. 법 제57조에 따른 명령 또는 허가의 취소(지방항공청장에게 권한이 위임된 사항에 관한 명령 또는 허가의 취소만 해당한다)

64. 법 제58조제1항에 따른 허가 또는 승인취소 등 필요한 처분 및 같은 조 제2항에 따른 고시(지방항공청장에게 권한이 위임된 사항에 관한 허가 또는 승인취소 등 필요한 처분 및 고시만 해당한다)

65. 법 제62조에 따른 청문의 실시(지방항공청장에게 권한이 위임된 사항에 관한 청문의 실시만 해당한다)

66. 법 제69조에 따른 과태료의 부과 및 징수(지방항공청장에게 권한이 위임된 사항에 관한 과태료 및 법 제69조제1항제3호에 따른

과태료의 부과 · 징수만 해당한다)

67. 법 제70조에 따른 이행강제금의 부과 및 징수

② 국토교통부장관은 법 제61조에 따라 다음 각 호의 권한을 항공교통본부장에게 위임한다.

1. 항행안전시설(항공로용으로 사용되는 항공정보통신시설 및 항행안전무선시설만 해당한다)에 대한 다음 각 목의 권한

가. 법 제43조제1항에 따른 항행안전시설의 설치

나. 법 제43조제2항에 따른 항행안전시설 설치의 허가

다. 법 제44조제1항에 따른 항행안전시설 설치에 관한 실시계획의 수립

라. 법 제44조제3항에 따른 항행안전시설 설치에 관한 실시계획의 승인 및 변경승인

마. 법 제44조제4항에 따른 신고의 수리

바. 법 제44조제5항에 따른 고시

사. 법 제45조제1항 및 제3항에 따른 완성검사 및 완성검사확인증의 발급

아. 법 제45조제4항에 따른 지정 · 고시

자. 법 제45조제5항 단서에 따른 완성검사확인증 발급 전 사용허가

차. 법 제46조제1항에 따른 항행안전시설 변경허가

카. 법 제47조제2항에 따른 검사

타. 법 제49조제1항 및 제2항에 따른 항행안전시설의 휴지 · 폐지 또는 사용 재개에 관한 승인

파. 법 제49조제3항에 따른 항행안전시설의 휴지 · 폐지 또는 사용 재개에 관한 고시

하. 법 제51조에 따른 지위승계 신고의 수리

거. 법 제53조제1항에 따른 항공통신업무의 수행

2. 법 제57조에 따른 명령 또는 허가의 취소(항공교통본부장에게 권한이 위임된 사항에 관한 명령 또는 허가의 취소만 해당한다)

3. 법 제58조제1항에 따른 허가 또는 승인취소 등 필요한 처분 및 같은 조 제2항에 따른 고시(항공교통본부장에게 권한이 위임된 사항에 관한 허가 또는 승인취소 등 필요한 처분 및 고시만 해당한다)

4. 법 제62조에 따른 청문의 실시(항공교통본부장에게 권한이 위임된 사항에 관한 청문의 실시만 해당한다)

③ 국토교통부장관은 법 제61조제2항에 따라 법 제47조제1항에 따른 항행안전시설의 관리·운영 업무 중 위성항법시설의 관리·운영 업무를 다음 각 호의 어느 하나에 해당하는 기관 또는 단체에 위탁한다. 〈신설 2022. 12. 9., 2024. 3. 29.〉

1. 「우주항공청의 설치 및 운영에 관한 특별법」 제19조제1항에 따라 설립된 한국항공우주연구원

2. 다음 각 목의 기관 또는 단체 중 인력·설비 등에 관하여 국토교통부장관이 정하여 고시하는 기준을 충족하는 기관 또는 단체

가. 「과학기술분야 정부출연연구기관 등의 설립·운영 및 육성에 관한 법률」에 따라 설립된 정부출연연구기관

나. 「공공기관의 운영에 관한 법률」 제4조에 따른 공공기관

다. 「민법」 제32조에 따라 국토교통부장관의 허가를 받아 설립된 비영리법인으로서 항행안전시설의 관리·운영과 관련된 업무를 수행하는 법인

라. 그 밖에 항행안전시설 분야의 전문성을 갖춘 기관 또는 단체

④ 국토교통부장관은 제3항에 따라 업무를 위탁하는 경우 위탁받는 기관 및 위탁업무의 내용, 그 밖에 필요한 사항을 고시해야 한다. 〈신설 2022. 12. 9.〉

[제목개정 2022. 12. 9.]

제56조(고유식별정보의 처리) 사업시행자등(법 제2조제11호에 따른 공항운영자로 한정한다)은 법 제56조제7항에 따른 제지 또는 퇴거 명령에 따르지 아니한 자에 대하여 국토교통부장관에게 법 제69조제1항제7호에 따른 과태료의 부과를 요청하는 사무를 수행하기 위하여 불가피한 경우 「개인정보 보호법 시행령」 제19조제1호에 따른 주민등록번호가 포함된 자료를 처리할 수 있다. 〈개정 2018. 6. 26.〉

제57조(과태료의 부과기준) 법 제69조제1항부터 제5항까지의 규정에 따른 과태료의 부과기준은 별표 3과 같다. 〈개정 2024. 8. 13.〉

제58조(범칙행위의 범위와 범칙금액) 법 제71조제1항 및 제72조제2항에 따른 범칙행위의 구체적인 범위와 범칙금액은 별표 4와 같다.

[본조신설 2018. 8. 21.]

부칙 〈제27972호, 2017. 3. 29.〉

제1조(시행일) 이 영은 2017년 3월 30일부터 시행한다.

제2조(다른 법령의 폐지) 수도권신공항건설 촉진법 시행령 및 사회간접자본건설추진위원회규정은 각각 폐지한다.

제3조(공항개발사업 실시계획 수립에 관한 적용례) ① 제19조는 이 영 시행 전에 종전의 「항공법」(법률 제14116호 항공안전법 부칙 제2조에 따라 폐지되기 전의 것을 말한다. 이하 같다) 제94조제2항 본문에 따라 공항개발사업의 허가를 받은 자(허가를 받은 날부터 1년이 경과할 때까지 실시계획의 승인을 신청하지 아니한 자를 포함한다)의 실시계획 수립에 대해서도 적용한다.

제4조(과징금에 관한 적용례) 제52조제2항 및 별표 2는 이 영 시행 이후 사업시행자 또는 법 제44조제1항에 따른 항행안전시설설치자가 법 제58조제1항제2호 또는 제3호에 해당하는 경우부터 적용한다.

제5조(공항개발기술심의위원회의 분야별 소위원회에 관한 경과조치)

① 이 영 시행 당시 종전의 「수도권신공항건설 촉진법 시행령」(부칙 제2조에 따라 폐지되기 전의 것을 말한다. 이하 같다) 제8조의9에 따라 구성된 신공항건설심의위원회의 분야별 소위원회는 제16조에 따라 구성된 소위원회로 본다.

② 이 영 시행 당시 종전의 「수도권신공항건설 촉진법 시행령」 제8조의9제2항 또는 제3항에 따라 지명된 신공항건설심의위원회의 분야별 소위원회의 위원 또는 위원장은 제16조제2항 또는 제3항에 따라 지명된 소위원회의 위원장 또는 위원으로 본다.

제6조(과징금에 관한 경과조치) 이 영 시행 전의 위반행위에 대한 과징금 부과처분에 관하여는 제52조제1항 및 별표 1에도 불구하고 종전의 「항공법 시행령」(대통령령 제27971호 항공안전법 시행령 부칙 제2조에 따라 폐지되기 전의 것을 말한다. 이하 같다) 제44조의4 및 별표 3에 따른다. 〈개정 2018. 2. 9.〉

제7조(항공교통본부장에 관한 경과조치) 제55조제2항 각 호 외의 부분 및 같은 항 제2호부터 제4호까지 중 "항공교통본부장"은 2017년 4월 30일까지는 각각 "항공교통센터장"으로 본다.

제8조(과태료에 관한 경과조치) 이 영 시행 전의 위반행위에 대한 과태료 부과처분에 관하여는 제57조 및 별표 3에도 불구하고 종전의 「항공법 시행령」 제64조 및 별표 7에 따른다.

제9조(다른 법령의 개정) ① 가축전염병 예방법 시행령 일부를 다음과 같이 개정한다.

제2조의3 각 호 외의 부분 중 "「항공법」 제2조제7호"를 「공항시설법」 제2조제3호"로 한다.

② 개발제한구역의 지정 및 관리에 관한 특별조치법 시행령 일부를 다음과 같이 개정한다.

제18조제1항제8호 중 "기존 공항의"를 "기존 공항·비행장의"로 하고, "「항공법」 제95조제1항에 따른 공항개발사업"을 "「공항시설

법」 제7조제1항에 따른 개발사업"으로 한다.

③ 건축법 시행령 일부를 다음과 같이 개정한다.

제10조제1항제6호를 "「공항시설법」 제34조"로 하고, 제27조제2항제2호 중 "「항공법」 제2조제8호"를 "「공항시설법」 제2조제7호"로 한다.

④ 공공차관의 도입 및 관리에 관한 법률 시행령 일부를 다음과 같이 개정한다.

제2조제2항제4호 및 제15조제2항제4호 중 "한국철도시설공단 및 수도권신공항건설공단에 한한다"를 각각 "한국철도시설공단에 한정한다"로 한다.

⑤ 공익사업을 위한 토지 등의 취득 및 보상에 관한 법률 시행령 일부를 다음과 같이 개정한다.

제29조제4호 중 "「항공법」"을 "「공항시설법」"으로 한다.

⑥ 공중화장실 등에 관한 법률 시행령 일부를 다음과 같이 개정한다.

제6조의3제8호 중 "「항공법」 제2조제8호"를 "「공항시설법」 제2조제7호"로 한다.

⑦ 공항소음 방지 및 소음대책지역 지원에 관한 법률 시행령 일부를 다음과 같이 개정한다.

제10조제2항제1호 중 "「항공법」 제86조"를 "「공항시설법」 제32조"로 한다.

⑧ 공항시설관리권등록령 일부를 다음과 같이 개정한다.

제1조 중 "「항공법」 제105조의2 및 제105조의5"를 "「공항시설법」 제26조 및 제28조"로 하고, 제55조 각 호 외의 부분 중 "「항공법」 제105조의4제2항" 및 "「항공법 시행령」 제10조제1호"를 각각 "「공항시설법」 제27조제2항" 및 "「공항시설법 시행령」 제3조제1호"로 한다.

⑨ 관세법 시행령 일부를 다음과 같이 개정한다.

제155조제2항 및 제155조의2제1호 중 “「항공법」”을 각각 "「공항시설법」으로 한다.

⑩ 국가통합교통체계효율화법 시행령 일부를 다음과 같이 개정한다.

제36조제1항제2호 중 “「항공법」 제2조제7호” 및 “같은 법 제2조제9호”를 각각 “「공항시설법」 제2조제3호” 및 “같은 법 제2조제4호”로 하며, 제103조제1호다목 중 “「항공법」 제2조제10호”를 “「공항시설법」 제2조제9호”로 한다.

⑪ 국토교통부와 그 소속기관 직제 일부를 다음과 같이 개정한다.

제28조제13호를 다음과 같이 한다.

13. 「공항시설법」 제5조에 의한 기술심의위원회의 구성 및 운영

⑫ 국토의 계획 및 이용에 관한 법률 시행령 일부를 다음과 같이 개정한다.

제77조제2항 중 “「항공법」”을 “「공항시설법」”으로 한다.

⑬ 기상법 시행령 일부를 다음과 같이 개정한다.

제10조제1항제1호 중 “「항공법」 제2조제7호”를 “「공항시설법」 제2조제3호”로 한다.

⑭ 기업활동 규제완화에 관한 특별조치법 시행령 일부를 다음과 같이 개정한다.

제10조의2제5호 중 “「항공법」 제2조제8호”를 “「공항시설법」 제2조제7호”로 한다.

⑮ 대중교통의 육성 및 이용촉진에 관한 법률 시행령 일부를 다음과 같이 개정한다.

제10조제5호 중 “「항공법」 제2조제7호”를 “「공항시설법」 제2조제3호”로 한다.

⑯ 도로법 시행령 일부를 다음과 같이 개정한다.

제81조제1항제2호 중 “「항공법」 제2조제7호”를 “「공항시설법」 제

2조제3호"로 한다.

⑰ 도시개발법 시행령 일부를 다음과 같이 개정한다.

제5조의2제2항제1호 중 "「항공법」"을 "「공항시설법」"으로 한다.

⑱ 도시재정비 촉진을 위한 특별법 시행령 일부를 다음과 같이 개정한다.

제32조제4항제1호사목 중 "「항공법」"을 "「공항시설법」"으로 한다.

⑲ 문화재보호법 시행령 일부를 다음과 같이 개정한다.

제37조제3항제1호를 중 "「항공법」 제2조제7호"를 "「공항시설법」 제2조제3호"로 한다.

⑳ 물류시설의 개발 및 운영에 관한 법률 시행령 일부를 다음과 같이 개정한다.

제2조제2항제4호를 중 "「항공법」 제2조제8호"를 "「공항시설법」 제2조제7호"로 한다.

㉑ 물류정책기본법 시행령 일부를 다음과 같이 개정한다.

제17조제2항제1호 및 제50조제1항제1호 중 "「항공법」 제2조제7호"를 각각 "「공항시설법」 제2조제3호"로 하고, 제24조제7호 및 제30조제1항제5호 중 "「항공법」"을 각각 "「공항시설법」"으로 한다.

㉒ 법인세법 시행령 일부를 다음과 같이 개정한다.

제24조제1항제2호아목 및 제26조제1항제8호 중 "「항공법」 제105조의2"를 각각 "「공항시설법」 제26조"로 한다.

㉓ 사방사업법 시행령 일부를 다음과 같이 개정한다.

제19조제3항제7호를 다음과 같이 한다.

7. 「공항시설법」에 따라 시행하는 인천국제공항 개발사업

㉔ 산림보호법 시행령 일부를 다음과 같이 개정한다.

제6조제2항제2호 중 "「항공법」 제2조"를 "「공항시설법」 제2조"로 한다.

㉕ 산림자원의 조성 및 관리에 관한 법률 시행령 일부를 다음과

같이 개정한다.

제45조의2제4호 중 "「항공법」 제2조제8호"를 "「공항시설법」 제2조제7호"로 한다.

㉖ 새만금사업 추진 및 지원에 관한 특별법 시행령 일부를 다음과 같이 개정한다.

제3조제9호를 다음과 같이 한다.

9. 「공항시설법」 제2조제9호 및 제10호에 따른 공항ㆍ비행장개발사업 및 「항공사업법」 제2조제26호에 따른 항공레저스포츠사업

㉗ 생활주변방사선 안전관리법 시행령 일부를 다음과 같이 개정한다.

제11조제1항제1호 중 "「항공법」 제111조의2제1항"을 "「공항시설법」 제38조제1항"으로 한다.

㉘ 소득세법 시행령 일부를 다음과 같이 개정한다.

제62조제2항제2호아목 중 "「항공법」 제105조의2"를 "「공항시설법」 제26조"로 한다.

㉙ 송유관 안전관리법 시행령 일부를 다음과 같이 개정한다.

제2조제1항제2호 중 "「항공법」 제2조제7호"를 "「공항시설법」 제2조제3호"로 한다.

㉚ 수목원ㆍ정원의 조성 및 진흥에 관한 법률 시행령 일부를 다음과 같이 개정한다.

제3조의2제1항제4호 중 "「항공법」"을 "「공항시설법」"으로 한다.

㉛ 실종아동등의 보호 및 지원에 관한 법률 시행령 일부를 다음과 같이 개정한다.

제4조의5제1항제5호 중 "「항공법」 제2조제8호"를 "「공항시설법」 제2조제7호"로 한다.

㉜ 아시아문화중심도시 조성에 관한 특별법 시행령 일부를 다음과 같이 개정한다.

제19조제1항제3호를 다음과 같이 한다.

3. 「공항시설법」에 따른 공항

㉝ 외국인투자 촉진법 시행령 일부를 다음과 같이 개정한다.

제25조제1항제3호라목 중 "「항공법」 제2조제8호"를 "「공항시설법」 제2조제7호"로 하고, "같은 조 제9호"를 "같은 조 제4호"로 한다.

㉞ 원자력안전법 시행령 일부를 다음과 같이 개정한다.

제130조제2항제1호 중 "「항공법」 제2조제7호"를 "「공항시설법」 제2조제3호"로 한다.

㉟ 자연재해대책법 시행령 일부를 다음과 같이 개정한다.

제16조의2제1항제16호를 삭제하고, 같은 항 제27호 중 "「항공법」 제2조제10호"를 "「공항시설법」 제2조제9호"로 하며, 제17조제2호를 "「공항시설법」 제2조제7호 및 제8호에 따른 공항시설 및 비행장시설"로 하고, 제22조의7제2호 및 제30조제1항제1호 중 "「항공법」 제2조제8호"를 각각 "「공항시설법」 제2조제7호"로 한다.

㊱ 조세특례제한법 시행령 일부를 다음과 같이 개정한다.

제116조의2제3항제3호라목 중 "「항공법」 제2조제8호"를 "「공항시설법」 제2조제7호"로 하고, "같은 조 제9호"를 "같은 조 제4호"로 한다.

㊲ 지방세법 시행령 일부를 다음과 같이 개정한다.

제102조제5항제33호 단서 외의 부분 중 "「항공법」 제2조제8호"를 "「공항시설법」 제2조제7호"로 하고, 같은 호 단서 부분 중 "「항공법 시행령」 제10조제2호"를 "「공항시설법 시행령」 제3조제2호"로 한다.

㊳ 지역 개발 및 지원에 관한 법률 시행령 일부를 다음과 같이 개정한다.

제14조제2항제1호 중 "항공시설" 및 "「항공법」"을 각각 "공항시설" 및 "「공항시설법」"으로 한다.

㊴ 지진·화산재해대책법 시행령 일부를 다음과 같이 개정한다.

제5조제1항제2호 및 제10조제1항제3호 중 "「항공법」 제2조제8호"를 각각 "「공항시설법」 제2조제7호"로 한다.

㊵ 출입국관리법 시행령 일부를 다음과 같이 개정한다.

제98조제1항제1호 중 "「항공법」 제2조제7호"를 "「공항시설법」 제2조제3호"로 하고, 같은 조 제2항 중 "「항공법」 제2조제8호"를 "「공항시설법」 제2조제7호"로 한다.

㊶ 취업 후 학자금 상환 특별법 시행령 일부를 다음과 같이 개정한다.

제13조제1항제5호다목 중 "「수도권신공항건설 촉진법」 제11조제2항"을 삭제한다.

㊷ 한국공항공사법 시행령 일부를 다음과 같이 개정한다.

제9조제1항제1호 각 목 외의 부분 중 "「항공법 시행령」 제10조제1호"를 "「공항시설법 시행령」 제3조제1호"로 하고, 같은 항 제2호 중 "「항공법 시행령」 제10조제2호가목부터 차목까지"를 "「공항시설법 시행령」 제3조제2호가목부터 카목까지"로 하고, 같은 조 제2항 제1호 각목 외의 부분 중 "「항공법 시행령」 제44조의3제1항제1호"를 "「공항시설법 시행령」 제42조제3항제1호"로 하며, 같은 조 제3항제1호 중 "「항공법 시행령」 제10조"를 "「공항시설법 시행령」 제3조"로 한다.

㊸ 해양경비법 시행령 일부를 다음과 같이 개정한다.

제2조제2호 중 "「항공법」"을 "「공항시설법」"으로 한다.

㊹ 행정권한의 위임 및 위탁에 관한 규정 일부를 다음과 같이 개정한다.

제41조제5항제3호부터 제11호까지를 각각 삭제한다.

㊺ 환경영향평가법 시행령 일부를 다음과 같이 개정한다.

별표 2 제2호아목을 다음과 같이 한다.

아. 공항 또는 비행장의 건설	「공항시설법」 제4조에 따른 공항 또는 비행장의 개발에 관한 기본계획	「공항시설법」 제4조제4항에서 준용하는 같은 법 제3조제4항에 따라 국토교통부장관이 관계 중앙행정기관의 장과 협의하는 때

별표 3 제8호를 다음과 같이 한다.

8. 공항 또는 비행장의 건설사업	「공항시설법」 제2조제9호 또는 제10호에 따른 공항개발사업 또는 비행장개발사업 중 다음의 어느 하나에 해당하는 사업 1) 공항 또는 「공항시설법 시행령」 제2조제1호에 따른 육상비행장의 신설 2) 길이가 500미터 이상인 활주로의 건설 3) 그 밖의 공항개발사업 또는 비행장개발사업으로서 사업면적이 20만제곱미터 이상인 것	「공항시설법」 제7조제6항 본문에 따른 실시계획의 고시 전

별표 3 제13호자목을 삭제한다.

제10조(다른 법령과의 관계) 이 영 시행 당시 다른 법령에서 종전의 「항공법 시행령」과 종전의 「수도권신공항건설 촉진법 시행령」 또는 그 규정을 인용하고 있는 경우 이 영 중 그에 해당하는 규정이 있는 경우에는 종전의 「항공법 시행령」과 종전의 「수도권신공항건설 촉진법 시행령」 또는 그 규정을 갈음하여 이 영 또는 이 영의 해당 규정을 인용한 것으로 본다.

부칙 〈제28633호, 2018. 2. 9.〉

제1조(시행일) 이 영은 2018년 2월 10일부터 시행한다.

제2조(과태료 부과에 관한 적용례) 별표 3의 개정규정은 이 영 시행 후 표시등 또는 표지를 설치·변경·철거한 경우부터 적용한다.

부칙 〈제29008호, 2018. 6. 26.〉

이 영은 2018년 6월 27일부터 시행한다.

부칙 〈제29109호, 2018. 8. 21.〉

이 영은 2018년 8월 22일부터 시행한다.

부칙 〈제29518호, 2019. 2. 8.〉 (한국교통안전공단법 시행령)
제1조(시행일) 이 영은 공포한 날부터 시행한다.
제2조(다른 법령의 개정) ① 및 ② 생략
③ 공항시설법 시행령 일부를 다음과 같이 개정한다.
제46조 중 "「교통안전공단법」에 따른 교통안전공단(이하 "교통안전공단이라 한다)"을 "「한국교통안전공단법」에 따른 한국교통안전공단(이하 "한국교통안전공단"이라 한다)"으로 한다.
④부터 ⑲까지 생략
제3조 생략

부칙 〈제30106호, 2019. 10. 8.〉 (과태료 금액 정비를 위한 41개 법령의 일부개정에 관한 대통령령)
제1조(시행일) 이 영은 공포한 날부터 시행한다.
제2조 부터 제5조까지 생략

부칙 〈제30977호, 2020. 8. 26.〉 (양식산업발전법 시행령)
제1조(시행일) 이 영은 2020년 8월 28일부터 시행한다.
제2조 및 제3조 생략
제4조(다른 법령의 개정) ①부터 ⑤까지 생략
⑥ 공항시설법 시행령 일부를 다음과 같이 개정한다.
제30조제3항제4호 중 "어업권"을 "어업권 · 양식업권"으로 한다.
⑦부터 ㊲까지 생략
제5조 생략

부칙 〈제31535호, 2021. 3. 16.〉

이 영은 공포한 날부터 시행한다.

부칙 〈제32014호, 2021. 9. 24.〉 (행정기본법 시행령)

제1조(시행일) 이 영은 공포한 날부터 시행한다. 〈단서 생략〉

제2조(다른 법령의 개정) ① 생략

② 공항시설법 시행령 일부를 다음과 같이 개정한다.

제53조제5항을 삭제한다.

③부터 ㊱까지 생략

부칙 〈제32352호, 2022. 1. 21.〉 (감정평가 및 감정평가사에 관한 법률 시행령)

제1조(시행일) 이 영은 2022년 1월 21일부터 시행한다.

제2조 부터 제4조까지 생략

제5조(다른 법령의 개정) ①부터 ⑩까지 생략

⑪ 공항시설법 시행령 일부를 다음과 같이 개정한다.

제23조제5항 중 "감정평가업자(「감정평가 및 감정평가사에 관한 법률」 제2조제4호에 따른 감정평가업자를 말한다. 이하 같다)"를 "감정평가법인등(「감정평가 및 감정평가사에 관한 법률」에 따른 감정평가법인등을 말한다. 이하 같다)"으로 한다.

제25조제2항 중 "감정평가업자"를 "감정평가법인등"으로 한다.

제36조제3항 중 "감정평가업자"를 "감정평가법인등"으로 하고, 같은 조 제4항 중 "각각 감정평가업자"를 "각각 감정평가법인등"으로, "감정평가업자를"을 "감정평가업자등을"로, "감정평가업자 둘을"을 "감정평가법인등 둘을"로 한다.

제45조제1항 중 "감정평가업자"를 "감정평가법인등"으로 하고, 같은 조 제2항 중 "각각 감정평가업자"를 "각각 감정평가법인등"으로, "감정평가업자를"을 "감정평가법인등을"로, "감정평가업자 둘을"을

"감정평가법인등 둘을"로 한다.

⑫부터 〈64〉까지 생략

부칙 〈제33050호, 2022. 12. 9.〉

이 영은 2022년 12월 11일부터 시행한다.

부칙 〈제33225호, 2023. 1. 10.〉 (수산업법 시행령)

제1조(시행일) 이 영은 2023년 1월 12일부터 시행한다.

제2조 부터 제9조까지 생략

제10조(다른 법령의 개정) ①부터 ③까지 생략

④ 공항시설법 시행령 일부를 다음과 같이 개정한다.

제20조제1항제7호 중 "「수산업법」 제2조제7호ㆍ제10호 및 제19호에 따른 양식ㆍ입어 및 유어(遊漁)"를 "「수산업법」 제2조제8호ㆍ제17호에 따른 입어ㆍ유어(遊漁) 또는 「양식산업발전법」 제2조제1호에 따른 양식"으로 한다.

⑤부터 ㊽까지 생략

제11조 생략

부칙 〈제33824호, 2023. 10. 18.〉

제1조(시행일) 이 영은 2023년 10월 19일부터 시행한다.

제2조(다른 법령의 개정) ① 대구경북통합신공항 건설을 위한 특별법 시행령 일부를 다음과 같이 개정한다.

제7조제1항제1호아목 중 "「공항시설법」 제4조제5항"을 "「공항시설법」 제4조제6항"으로 한다.

② 해양공간계획 및 관리에 관한 법률 시행령 일부를 다음과 같이 개정한다.

별표 제8호파목의 협의 요청시기란 중 "「공항시설법」 제4조제4

항"을 "「공항시설법」 제4조제5항"으로 한다.

③ 환경영향평가법 시행령 일부를 다음과 같이 개정한다.

별표 2 제2호아목의 협의 요청시기란 중 "「공항시설법」 제4조제4항"을 "「공항시설법」 제4조제5항"으로 한다.

부칙 〈제33913호, 2023. 12. 12.〉 (행정법제 혁신을 위한 가덕도신공항 건설을 위한 특별법 시행령 등 123개 법령의 일부개정에 관한 대통령령)

이 영은 공포한 날부터 시행한다.

부칙 〈제34369호, 2024. 3. 29.〉 (우주항공청과 그 소속기관 직제)

제1조(시행일) 이 영은 2024년 5월 27일부터 시행한다.

제2조 생략

제3조(다른 법령의 개정) ① 생략

② 공항시설법 시행령 일부를 다음과 같이 개정한다.

제55조제3항제1호 중 "「과학기술분야 정부출연연구기관 등의 설립·운영 및 육성에 관한 법률」"을 "「우주항공청의 설치 및 운영에 관한 특별법」 제19조제1항"으로 한다.

③부터 ⑮까지 생략

부칙 〈제34836호, 2024. 8. 13.〉

제1조(시행일) 이 영은 2024년 8월 14일부터 시행한다.

제2조(항공관련업무 수행단체의 안전장치 설치 등에 관한 경과조치) 이 영 시행 당시 항공관련업무 수행단체의 업무를 수행하고 있는 자는 이 영 시행일부터 6개월 이내에 제35조의3제1항제2호의 개정규정에 따라 차량 및 장비에 안전장치를 설치하고 승차정원 또는

화물적재량을 표기해야 한다.

부칙 〈제35690호, 2025. 7. 31.〉
이 영은 2025년 8월 1일부터 시행한다.

별표 / 서식
[별표 1] 퇴치등으로 인한 손실보상의 기준(제50조의2제2항 관련)
[별표 1의2] 공항운영자에 대한 위반행위의 종류별 과징금의 금액(제52조제1항 관련)
[별표 2] 사업시행자 또는 항행안전시설설치자에 대한 위반행위의 종류별 과징금의 금액(제52조제2항 관련)
[별표 3] 과태료의 부과기준(제57조 관련)
[별표 4] 범칙행위 및 범칙금액(제58조 관련)

공항시설법 시행규칙

[시행 2024. 8. 14.] [국토교통부령 제1381호, 2024. 8. 14., 일부개정]

지장 여부 검토)
제23조(항공학적 검토 기준 및 방법)
제24조(장애물 등의 매수청구 신청서)
제25조(장애물의 현황 관리)
제26조(항공학적 검토 전문기관)
제27조(항공기 비행안전에 관한 결정 신청)
제28조(항공장애 표시등 및 항공장애 주간표지의 설치 등)
제29조(표시등 및 표지의 설치 · 변경 · 철거 신고 및 관리)
제30조(공항운영증명의 인가 등)
제31조(공항운영규정의 수립 인가)
제32조(공항운영규정의 변경)
제33조(공항운영의 검사 등)
제34조(공항운영증명의 취소 등)
제35조(비행장개발 사업시행자등의 지위승계)
제36조(항행안전시설 설치허가의 신청 등)
제37조(항행안전시설 설치 실시계획 승인신청서 등)
제38조(항행안전시설의 완성검사)
제39조(항행안전시설의 변경)
제40조(항행안전시설의 관리)
제41조(항행안전시설 사용의 휴지 · 폐지 · 재개)
제42조(항행안전시설설치자등의 지위승계)
제43조(항행안전시설 성능적합증명 신청)
제44조(항공통신업무의 종류 등)
제45조(검사공무원의 증표)
제46조(시설출입의 허가 등)
제47조(금지행위 등)
제48조(위반행위에 대한 과태료 부과의 요청 등)
제48조의2(손실보상금 지급 청구서)
제49조(위반 행위에 대한 처분기준)
제50조(수수료의 부과기준)
제51조(이행강제금 부과 및 징수)

**개정 예정 법률 밑줄 별도 표시.

공항시설법 시행규칙

[시행 2024. 8. 14.] [국토교통부령 제1381호, 2024. 8. 14., 일부개정]

제1조(목적) 이 규칙은 「공항시설법」 및 같은 법 시행령에서 위임된 사항과 그 시행에 필요한 사항을 규정함을 목적으로 한다.

제2조(활주로의 크기) 「공항시설법」(이하 "법"이라 한다) 제2조제12호에서 "국토교통부령으로 정하는 크기"란 별표 1 제1호라목 및 마목에 따른 육상비행장 활주로의 길이 및 폭과 같은 표 제2호의 표에 따른 헬기장 활주로의 길이 및 폭을 말한다.

제3조(착륙대의 크기) 법 제2조제13호에서 "국토교통부령으로 정하는 크기"란 다음 각 호의 구분에 따른 크기를 말한다.

1. 육상비행장: 별표 1 제1호나목에서 정하는 길이와 폭으로 이루어지는 활주로 중심선에 중심을 두는 직사각형의 지표면

2. 육상헬기장, 옥상헬기장, 선상헬기장 및 해상구조물헬기장: 별표 1 제2호에서 정하는 길이와 폭으로 활주로(최종접근·이륙구역) 주변에 설치하는 안전지대

3. 수상비행장: 별표 1 제8호에서 정하는 폭 및 같은 표 제1호라목에서 정하는 길이로 이루어지는 활주로 중심선에 중심을 두는 직사각형의 수면

4. 수상헬기장: 별표 1 제9호에서 정하는 길이와 폭으로 이루어지는 수면

제4조(장애물 제한표면의 기준) 「공항시설법 시행령」 (이하 "영"이라

한다) 제5조제2항에 따른 장애물 제한표면의 기준은 별표 2와 같다.

제5조(항행안전시설) 법 제2조제15호에서 "국토교통부령으로 정하는 시설"이란 다음 항공등화, 항행안전무선시설 및 항공정보통신시설을 말한다.

제6조(항공등화) 법 제2조제16호에서 "국토교통부령으로 정하는 시설"이란 별표 3의 시설을 말한다.

제7조(항행안전무선시설) 법 제2조제17호에서 "국토교통부령으로 정하는 시설"이란 다음 각 호의 시설을 말한다.

1. 거리측정시설(DME)
2. 계기착륙시설(ILS/MLS/TLS)
3. 다변측정감시시설(MLAT)
4. 레이더시설(ASR/ARSR/SSR/ARTS/ASDE/PAR)
5. 무지향표지시설(NDB)
6. 범용접속데이터통신시설(UAT)
7. 위성항법감시시설(GNSS Monitoring System)
8. 위성항법시설(GNSS/SBAS/GRAS/GBAS)
9. 자동종속감시시설(ADS, ADS-B, ADS-C)
10. 전방향표지시설(VOR)
11. 전술항행표지시설(TACAN)

제8조(항공정보통신시설) 법 제2조제18호에서 "국토교통부령으로 정하는 시설"이란 다음 각 호의 시설을 말한다. 〈개정 2021. 6. 11.〉

1. 항공고정통신시설
   가. 항공고정통신시스템(AFTN/MHS)
   나. 항공관제정보교환시스템(AIDC)
   다. 항공정보처리시스템(AMHS)
   라. 항공종합통신시스템(ATN)
2. 항공이동통신시설

가. 관제사·조종사간데이터링크 통신시설(CPDLC)

나. 단거리이동통신시설(VHF/UHF Radio)

다. 단파데이터이동통신시설(HFDL)

라. 단파이동통신시설(HF Radio)

마. 모드 S 데이터통신시설

바. 음성통신제어시설(VCCS, 항공직통전화시설 및 녹음시설을 포함한다)

사. 초단파디지털이동통신시설(VDL, 항공기출발허가시설 및 디지털공항정보방송시설을 포함한다)

아. 항공이동위성통신시설[AMS(R)S]

자. 공항이동통신시설(AeroMACS)

3. 항공정보방송시설: 공항정보방송시설(ATIS)

제8조의2(기본계획의 수립·변경 시 장애물의 제거 여부 검토) ① 국토교통부장관은 법 제4조제2항에 따라 같은 항에 따른 장애물에 대하여 항공기의 안전운항에 지장이 없도록 제거 여부를 검토하는 경우에는 다음 각 호의 구분에 따라 처리해야 한다.

1. 장애물 제한표면(법 제4조제1항에 따른 기본계획을 수립하는 경우에는 설정 예정인 장애물 제한표면을 말한다. 이하 이 조에서 같다)의 높이 미만인 장애물(항공기의 안전운항을 방해하는 지형·지물 등을 말한다. 이하 같다): 제거하지 않는 것으로 검토할 것

2. 장애물 제한표면의 높이 이상인 장애물: 제거하는 것으로 검토할 것

② 국토교통부장관은 제1항에도 불구하고 별표 7의 항공기의 비행안전 확인 기준 또는 별표 8의 항공학적 검토 기준 및 방법에 따라 검토한 결과 제1항제1호의 장애물의 경우에는 항공기의 안전운항에 지장이 있으면 제거하는 것으로, 제1항제2호의 장애물의 경우에는 항공기의 안전운항에 지장이 없으면 제거하지 않는 것으로 각

각 검토할 수 있다.

[본조신설 2023. 10. 19.]

제9조(개발사업의 시행허가) ① 법 제6조제2항 본문에 따라 공항개발사업 시행에 관한 허가를 받으려는 자는 별지 제1호서식의 신청서에 다음 각 호의 서류를 첨부하여 지방항공청장에게 제출하여야 한다. 이 경우 담당 공무원은 「전자정부법」 제36조제1항에 따른 행정정보의 공동이용을 통하여 법인등기사항증명서(신청인이 법인인 경우만 해당한다)를 확인하여야 한다.

1. 사업계획서
2. 사업예정지역의 위치ㆍ범위 및 시설배치계획 도면
3. 사업 내용별 추정사업비(공사비를 포함한다) 명세서
4. 자금조달계획서
5. 축척 5천분의 1 이상의 지형도 및 지적평면도 또는 이에 준하는 평면도로서 인접지를 포함하는 것

② 법 제6조제2항 본문에 따라 비행장개발사업 시행에 관한 허가를 받으려는 자는 별지 제2호서식의 신청서에 다음 각 호의 서류를 첨부하여 지방항공청장에게 제출하여야 한다. 이 경우 담당 공무원은 「전자정부법」 제36조제1항에 따른 행정정보의 공동이용을 통하여 법인등기사항증명서(신청인이 법인인 경우만 해당한다)를 확인하여야 한다.

1. 제1항 각 호의 서류
2. 다음 각 목의 사항을 기재한 서류
   가. 비행장의 표고(標高) 및 표점
   나. 비행장의 종류 및 착륙대의 등급
   다. 착륙대의 길이(수상비행장 및 수상헬기장만 해당한다)
3. 비행장 설치 예정 부지에 대한 소유권 또는 사용권이 있음을 증명하는 서류(소유권ㆍ사용권이 없는 경우에는 비행장 설치공사 예

정 기일까지 이를 취득하기 위한 계획서를 말한다)

4. 해당 비행장에 사용할 항공기의 종류 및 형식을 기재한 서류

5. 비행장의 운영 및 관리계획서

6. 해당 비행장의 비행절차 및 인접공항 또는 비행장(군 비행장을 포함한다)의 비행절차와의 상관관계를 설명하는 도면(계기비행에 의한 착륙 또는 야간 착륙에 이용되는 비행장의 경우에는 그 사유를 포함한다)

7. 해당 비행장의 소요 공역도면 및 인접공역의 현황을 기재한 서류

8. 해당 비행장에 제공되는 항공교통업무의 내용을 기재한 서류

9. 비행장 설치예정지역의 풍향 · 풍속도(이착륙장 예정지 · 예정수면 또는 그 부근에서의 풍속은 최근 1년 이상의 자료에 의하여 작성된 것에 한정한다)

10. 장애물 제한표면을 설명하는 도면 및 서류

11. 다음 각 목의 구분에 따른 실측도

가. 육상비행장, 육상헬기장 또는 옥상헬기장: 평면도, 착륙대 종단면도, 착륙대 횡단면도 및 부근도

나. 수상비행장 또는 해상구조물헬기장: 평면도 및 부근도

다. 선상헬기장: 평면도, 착륙대 종단면도, 착륙대 횡단면도

12. 옥상헬기장 설치와 관련된 다음 각 목의 사항을 기재한 서류(옥상헬기장인 경우에만 해당한다)

가. 해당 건축물 또는 구조물의 구조도면과 구조계산서

나. 사용 예정 항공기 운항 시의 구조 및 구조계산상 안전을 증명하는 기술확인서

다. 진입표면 · 전이표면 · 수평표면 및 원추표면의 투영면과 일치하는 구역 안의 건축물 또는 구조물의 높이를 표시한 배치도 및 투영도(착륙대보다 높은 것만 해당한다)

③ 제2항제11호에 따른 실측도는 다음 각 호에 따라 작성해야 한다. <개정 2021. 8. 27.>

1. 평면도: 축척 5천분의 1 이상으로서 다음 각 목의 사항을 명시할 것

가. 방위

나. 비행장 부지 및 경계선

다. 비행장 주변 100미터 이상에 걸친 구역 안의 지형 및 지명

라. 비행장 시설의 예정 위치

마. 주요 도로·시가지 및 다른 교통시설과 연결되는 도로

2. 착륙대 종단면도: 가로축척 5천분의 1 이상, 세로축척 500분의 1 이상으로서 다음 각 목의 사항을 명시할 것

가. 측점번호, 측점 간 거리(100미터로 할 것) 및 추가거리

나. 측점마다의 중심선의 지면, 시공기면, 성토(흙쌓기)의 높이 및 절토(땅깎기)의 깊이

3. 착륙대 횡단면도(활주로의 양단 및 중앙의 3개소에서의 착륙대의 횡단면도): 가로축척 1천분의 1 이상, 세로축척 50분의 1 이상으로서 다음 각 목의 사항을 명시할 것

가. 측점번호 및 측점 간 거리

나. 측점마다의 지면, 시공기면, 성토의 높이 및 절토의 깊이

4. 부근도: 축척 1만분의 1(축척 1만분의 1의 도면이 없는 경우에는 축척 2만 5천분의 1 또는 5만분의 1)로 작성하되, 제2항제12호다목의 진입표면·전이표면·수평표면 및 원추표면의 투영면과 일치하는 구역 안에 건축물 또는 구조물이 있는 경우에는 해당 지역의 축척 5천분의 1 이상의 도면에 그 건축물 또는 구조물의 위치 및 종류, 장애 정도 등을 명시할 것

④ 법 제6조제2항 단서에서 "일상적인 유지·보수사업 등 국토교통부령으로 정하는 경미한 개발사업"이란 다음 각 호의 어느 하나에

해당하는 사업을 말한다. 〈개정 2018. 2. 9.〉

1. 「건축법」 제14조에 따른 건축신고, 같은 법 제19조제2항제2호에 따른 건축물의 용도변경 신고, 같은 법 제20조제3항에 따른 가설건축물의 축조 신고 및 같은 법 제83조제1항에 따른 공작물의 축조 신고의 대상이 되는 사업

2. 「전기사업법」 제2조제16호에 따른 전기설비, 「정보통신공사업법」 제2조제1호에 따른 정보통신설비 및 냉난방·운송·승강·소화설비 등 기계설비의 교체 및 유지·보수사업

3. 조경수의 식재 등 조경시설의 설치

4. 다음 각 목의 어느 하나에 해당하는 「문화예술진흥법」에 따른 문화시설의 설치

가. 연면적 1천제곱미터 미만의 문화시설의 설치

나. 90일의 범위 내에서 사용하기 위한 문화시설의 설치

5. 토목·건축물의 안전에 영향을 미치지 아니하는 일상적인 유지·보수사업

6. 항행안전시설의 통신선로 및 부품 교체 등 일상적인 유지·보수사업

제10조(실시계획의 수립·승인 등) ① 법 제7조제2항제4호에서 "국토교통부령으로 정하는 사항"이란 다음 각 호의 서류 또는 도면을 말한다. 〈개정 2024. 8. 14.〉

1. 위치도와 허가구역을 표시한 평면도

2. 수용하거나 사용할 토지·물건 또는 권리(이하 "토지등"이라 한다)의 소재지·지번·지목 및 면적, 소유권 및 소유권 외의 권리의 명세와 그 소유자 및 권리자의 성명·주소

3. 사업시행지역에 있는 토지등의 매수·보상계획 및 주민의 이주대책을 기재한 서류

4. 계획평면도·단면도 및 공사설명서 등 설계도서

5. 공사예정표

6. 자금계획서(연차별 자금투자계획 및 재원조달계획을 포함한다)

7. 환경영향평가서 및 교통영향평가서, 교통영향평가 및 환경영향평가에 대한 관계 행정기관의 장과의 협의 결과(대상사업의 경우만 해당한다)

8. 국가유산 현황 조사 결과 및 관계 행정기관의 장과의 협의 결과(대상사업의 경우만 해당한다)

9. 지진피해 경감대책을 기재한 서류(대상사업의 경우만 해당한다)

10. 「국토의 계획 및 이용에 관한 법률」 제65조제1항에 따라 기존의 공공시설에 대체되는 공공시설을 설치하는 경우에는 기존 공공시설의 이전 및 철거계획과 대체공공시설의 설치계획서

11. 「건설기술 진흥법」에 따른 설계심의대상사업인 경우에는 그 심의 내용을 기재한 서류

12. 법 제5조에 따른 기술심의위원회의 심의사항이 포함되어 있는 경우에는 그 내용 및 심의에 필요한 서류

13. 법 제8조제1항 각 호에 따른 인·허가 등 의제사항이 있는 경우에는 그 내용 및 같은 조 제2항에 따른 관계 행정기관의 장과의 협의에 필요한 서류

14. 법 제17조에 따른 부대공사계획(대상사업의 경우만 해당한다)

② 법 제7조제3항 전단에 따라 공항개발사업 또는 비행장개발사업(이하 "개발사업"이라 한다) 실시계획의 승인을 받으려는 사업시행자(법 제6조에 따른 개발사업의 시행자를 말한다. 이하 같다)는 별지 제3호서식의 신청서에 제1항 각 호의 서류를 첨부하여 지방항공청장에게 제출하여야 한다. 이 경우 담당 공무원은 「전자정부법」 제36조제1항에 따른 행정정보의 공동이용을 통하여 법인등기사항증명서(법인인 경우만 해당한다)와 지적도를 확인하여야 한다. 〈개정 2018. 2. 9.〉

1. 삭제 〈2018. 2. 9.〉

2. 삭제 〈2018. 2. 9.〉

3. 삭제 〈2018. 2. 9.〉

③ 법 제7조제3항 후단에 따른 실시계획 변경승인을 받으려는 사업시행자는 별지 제4호서식의 신청서에 다음 각 호의 서류를 첨부하여 지방항공청장에게 제출하여야 한다. 이 경우 담당 공무원은 「전자정부법」 제36조제1항에 따른 행정정보의 공동이용을 통하여 법인등기사항증명서(법인인 경우만 해당한다)를 확인하여야 한다.

1. 변경사유 및 변경내용을 기재한 서류

2. 관계도면(필요한 경우만 해당한다)

④ 법 제7조제4항에서 "구조의 변경을 수반하지 아니하고 안전에 지장이 없는 시설물의 변경 등 국토교통부령으로 정하는 경미한 사항의 변경"이란 다음 각 호의 어느 하나에 해당하는 변경을 말한다. 〈개정 2018. 2. 9.〉

1. 「건축법 시행령」 제12조제3항 각 호의 어느 하나에 해당하는 변경

2. 5천제곱미터 이하의 범위에서의 공항·비행장개발예정지역의 축소(건축 면적의 변경은 제외한다)

3. 총사업비의 100분의 10 미만의 변경. 다만, 법 제23조에 따른 재정지원 금액이 증가하는 경우는 제외한다.

4. 1년 이하의 범위에서의 사업시행기간 변경. 다만, 다음 각 목의 어느 하나에 해당하는 경우는 제외한다.

가. 연장하는 사업시행기간에 법 제12조에 따른 토지등의 수용 또는 사용이 필요한 경우

나. 사업시행기간 연장으로 인하여 법 제23조에 따른 재정지원 금액이 증가하는 경우

5. 설비의 위치 변경

⑤ 법 제7조제6항 본문에 따른 실시계획 승인 또는 변경승인의 고시는 다음 각 호의 사항을 고시하는 것으로 한다.

1. 사업의 명칭

2. 사업시행지역의 위치 및 면적

3. 사업시행자의 성명 및 주소(법인인 경우에는 법인의 명칭 · 주소와 대표자의 성명 · 주소)

4. 사업의 목적과 규모 등 개요

5. 사업시행기간(착공 및 준공 예정일을 포함한다)

6. 총사업비 및 재원조달계획

7. 수용하거나 사용할 토지등의 소재지 · 지번 · 지목 및 면적, 소유권 및 소유권 외의 권리의 명세와 그 소유자 및 권리자의 성명 · 주소

8. 공항 또는 비행장의 표고 및 표점

9. 착륙대의 등급

10. 활주로의 강도(공항, 육상비행장 및 육상헬기장의 경우만 해당한다) 또는 착륙대의 깊이(수상비행장 및 수상헬기장의 경우만 해당한다)

11. 시계비행 또는 계기비행 이륙 · 착륙절차

⑥ 법 제7조제6항 단서에서 "제4항에 따른 경미한 사항의 변경 등 국토교통부령으로 정하는 경미한 개발사업"이란 다음 각 호의 어느 하나에 해당하는 경우를 말한다.

1. 제4항 각 호의 어느 하나에 해당하는 경우

2. 제1호와 유사한 것으로서 국토교통부장관 또는 지방항공청장이 고시가 불필요하다고 인정하는 경우

제11조(공항 · 비행장개발예정지역에서 건축물의 건축 등 행위 신고) 영 제20조제4항에서 "국토교통부령으로 정하는 공항 · 비행장개발예정지역에서의 개발행위 등 신고서"란 별지 5호서식의 신고서를 말한다.

제12조(토지매수청구서) 영 제23조제1항에서 "국토교통부령으로 정하는 매수청구서"란 별지 제6호서식의 매수청구서를 말한다.

제13조(감정평가 비용의 납부고지서) 영 제26조제2항 각 호 외의 부분에서 "국토교통부령으로 정하는 감정평가 비용의 납부고지서"란 별지 제7호서식의 납부고지서를 말한다.

제14조(준공확인의 신청 등) ① 법 제20조제1항 본문에 따른 준공확인 또는 법 제25조제2항에 따른 이착륙장 준공확인을 받으려는 사업시행자는 별지 제8호서식의 보고서에 다음 각 호의 서류를 첨부하여 지방항공청장에게 제출하여야 한다. 이 경우 담당 공무원은 「전자정부법」 제36조제1항에 따른 행정정보의 공동이용을 통하여 법인등기사항증명서(신청인이 법인인 경우만 해당한다)를 확인하여야 한다. 〈개정 2018. 2. 9., 2018. 6. 27.〉

1. 준공조서(준공설계도서 및 준공사진을 포함한다)
2. 공사착공 전 및 준공 후의 상황을 구분·인식할 수 있는 준공사진 또는 도면
3. 시공품질검사명세서(「건설기술진흥법 시행령」 제89조에 따라 품질관리계획 또는 품질시험계획을 수립하여야 하는 건설공사에 한정한다)
4. 시장·군수 또는 자치구청장이 발행하는 지적측량성과도(필요한 경우만 해당한다)

② 법 제20조제4항에 따른 준공확인 증명서 및 법 제25조제4항에 따른 이착륙장 준공확인 증명서는 별지 제9호서식과 같다. 〈개정 2018. 6. 27.〉

③ 법 제20조제5항에 따른 준공확인의 고시는 다음 각 호의 사항을 고시하는 것으로 한다.

1. 공항 또는 비행장의 명칭·위치 및 면적
2. 사업시행자의 성명(명칭) 및 주소

3. 사업의 목적 및 내용

4. 해당 사업의 완료일

5. 해당 시설의 사용 개시 예정일

6. 시계비행 또는 계기비행 이륙·착륙 절차

7. 「국토의 계획 및 이용에 관한 법률」 제65조제1항에 따라 새로 설치된 공공시설 또는 종래의 공공시설의 귀속에 관한 조서 및 관계 도면

8. 해당 시설의 이용에 관한 특별한 사항

④ 국토교통부장관 또는 지방항공청장은 제3항에 따라 고시한 사항이 변경된 경우에는 그 변경 사항을 고시하여야 한다.

⑤ 법 제20조제7항 단서에 따른 준공확인 전 사용허가 또는 법 제25조제5항 단서에 따른 이착륙장 준공확인 전 사용허가를 받으려는 자는 별지 제10호서식의 신청서에 다음 각 호의 서류를 첨부하여 지방항공청장에게 제출하여야 한다. 이 경우 담당 공무원은 「전자정부법」 제36조제1항에 따른 행정정보의 공동이용을 통하여 법인 등기사항증명서(법인인 경우만 해당한다)를 확인하여야 한다. 〈개정 2018. 2. 9., 2018. 6. 27.〉

1. 준공확인 전에 사용하려는 시설의 현황 및 목적을 기재한 서류

2. 시공품질검사명세서(「건설기술진흥법 시행령」 제89조에 따라 품질관리계획 또는 품질시험계획을 수립하여야 하는 건설공사에 한정한다)

제15조(공항개발사업 투자허가신청서) 영 제29조제1항에서 "국토교통부령으로 정하는 투자허가신청서"란 별지 제11호 서식의 신청서를 말한다.

제16조(공항시설 및 비행장시설의 설치기준) 영 제31조제3호에서 "국토교통부령으로 정하는 기준"이란 별표 1에 따른 기준을 말한다.

제17조(이착륙장의 설치허가신청서) 영 제32조제1항 각 호 외의 부

분 전단에서 "국토교통부령으로 정하는 이착륙장 설치허가 신청서"란 별지 제12호서식의 신청서를 말한다.

제18조(시설의 관리대장) ① 법 제30조에 따른 공항시설 또는 비행장시설의 관리대장은 공항 또는 비행장별로 작성하되 해당 시설의 도면을 포함하여야 한다.

② 제1항에 따른 관리대장에는 다음 각 호의 사항을 적어야 한다.

1. 시설의 신설·증설·개량 등의 변화
2. 그 밖에 공항 또는 비행장의 관리·운영을 위하여 필요한 사항

③ 제1항에 따른 도면 중 평면도는 축척 5천분의 1의 도면에 부근의 지형·방위 및 해발고도 등을 표시하여 작성하되 다음 각 호의 사항을 포함하여야 한다.

1. 공항구역 또는 비행장구역 및 그 경계선
2. 행정구역의 명칭 및 그 경계선
3. 시설의 위치 및 배치 현황
4. 도로·철도 및 항만 등 접근교통시설
5. 주변 장애물 분포현황
6. 그 밖에 시설 관리에 필요한 참고사항

④ 제1항에 따른 관리대장은 공항 또는 비행장을 관리·운영하는 자가 상시적으로 볼 수 있는 장소에 비치하여야 한다.

제19조(시설의 관리기준 등) ① 법 제31조제1항에서 "시설의 보안관리 및 기능유지에 필요한 사항 등 국토교통부령으로 정하는 시설의 관리·운영 및 사용 등에 관한 기준"이란 별표 4의 기준을 말한다.

② 공항운영자는 시설의 적절한 관리 및 공항이용자의 편의를 확보하기 위하여 필요한 경우에는 시설이용자나 영업자에 대하여 시설의 운영실태, 영업자의 서비스실태 등에 대하여 보고하게 하거나 그 소속직원으로 하여금 시설의 운영실태, 영업자의 서비스실태 등을

확인하게 할 수 있다.

③ 공항운영자는 공항 관리상 특히 필요가 있을 경우에는 시설이용자 또는 영업자에 대하여 당해시설의 사용의 정지 또는 수리·개조·이전·제거나 그밖에 필요한 조치를 명할 수 있다.

제19조의2(지상안전관리기준의 시행) ① 법 제31조의2제1항 및 제31조의3제1항에서 정하는 지상안전관리기준의 시행에 필요한 사항은 다음 각 호와 같다. 〈개정 2024. 8. 14.〉

1. 공항운영자는 법 제31조의2제1항 및 제31조의3제1항에서 정하는 지상안전관리기준과 공항의 지형 및 구조 등에 관한 매뉴얼을 작성하여 다른 항공관련업무 수행단체에 나누어 줄 것

2. 항공관련업무 수행단체는 항공관련업무종사자(항공관련업무 수행단체에 소속되어 법 제2조제11호의2에 따른 항공 관련 업무에 종사하는 사람을 말한다. 이하 같다)가 제1호에 따른 매뉴얼의 내용을 알 수 있도록 할 것

3. 공항운영자는 법 제31조의2제1항제1호에 따라 차량 운전 등에 대한 사전 승인을 하려면 운전업무종사자가 제1호에 따른 매뉴얼을 알고 있는지 확인할 것

② 제1항제1호에 따른 매뉴얼에 포함되어야 할 구체적인 사항은 국토교통부장관이 정하여 고시한다.

[본조신설 2018. 6. 27.]

[제목개정 2024. 8. 14.]

제19조의3(항공관련업무종사자에 대한 교육) ① 항공관련업무 수행단체는 법 제31조의2제3항에 따라 항공관련업무종사자에게 지상안전사고의 예방과 차량 및 장비의 안전운행에 필요한 교육을 매년 12시간 이상 실시해야 한다.

② 제1항에 따른 교육에는 다음 각 호의 내용이 포함되어야 한다.

1. 법 제2조제11호의2에 따른 항공 관련 업무의 표준작업절차 및

안전수칙

2. 법 제2조제11호의2에 따른 항공 관련 업무 수행 중 발생한 주요 사고 사례와 예방대책

③ 제1항 및 제2항에도 불구하고 「산업안전보건법」 제29조제1항에 따른 안전보건교육 등 국토교통부장관이 제1항에 따른 교육과 유사하다고 인정하여 고시하는 교육을 이수한 항공관련업무종사자에 대해서는 같은 항에 따른 교육의 일부를 면제할 수 있다. 이 경우 교육의 면제 범위에 관하여는 국토교통부장관이 정하여 고시한다.

④ 항공관련업무 수행단체는 법 제31조의2제4항 전단에 따른 국토교통부장관의 특별안전교육 실시 요청을 받은 경우에는 그 요청을 받은 날부터 30일 이내에 법 제31조의3제1항에서 정하는 지상안전관리기준을 위반한 항공관련업무종사자에게 특별안전교육을 2시간 이상 실시해야 한다.

⑤ 제4항에 따른 교육에는 다음 각 호의 내용이 포함되어야 한다.

1. 해당 위반 사항으로 인해 발생할 수 있는 안전사고 유형과 피해 사례

2. 법 제31조의2제4항 전단에 따라 마련한 조업방법, 근무환경 개선 등 지상안전사고 예방대책의 내용

[본조신설 2024. 8. 14.]

[종전 제19조의3은 제19조의4로 이동 〈2024. 8. 14.〉]

제19조의4(항공관련업무종사자에 대한 행정처분 기준) 법 제31조의3제2항에 따른 행정처분의 기준은 별표 4의2와 같다. 〈개정 2024. 8. 14.〉

[본조신설 2018. 6. 27.]

[제목개정 2024. 8. 14.]

[제19조의3에서 이동 〈2024. 8. 14.〉]

제19조의5(지상안전관리기준 준수 여부의 점검) ① 공항운영자는 법

제31조의4제1항에 따른 정기 점검을 매년 1회 이상 실시해야 한다.

② 공항운영자는 법 제31조의4제1항에 따른 점검 결과 법 제31조의2제1항 및 제31조의3제1항에서 정하는 지상안전관리기준을 위반한 사실을 확인한 경우에는 지체 없이 그 사실을 지방항공청장에게 보고해야 한다.

③ 지방항공청장은 법 제31조의4제2항에 따라 공항운영자의 지상안전관리기준 준수 여부를 점검하려는 경우에는 점검일 7일 전에 점검 계획 등을 서면으로 공항운영자에게 알려야 한다.

④ 공항운영자 및 지방항공청장은 법 제31조의4제1항 및 제2항에 따른 점검을 하는 경우에는 「항공보안법」 제12조제1항에 따른 공항시설 보호구역 내에 설치된 「개인정보 보호법」에 따른 고정형 영상정보처리기기를 통하여 수집된 정보로서 같은 법에 따른 가명처리된 정보를 활용할 수 있다.

[본조신설 2024. 8. 14.]

제20조(사용료의 징수 등) ① 법 제32조제1항에 따라 지방항공청장이 징수하는 사용료의 종류 및 산정기준은 별표 5와 같고, 같은 항에 따라 공항운영자가 징수하는 사용료의 종류 및 산정기준은 별표 5의2와 같다. 〈개정 2021. 6. 11.〉

② 지방항공청장은 공항운영자에게 법 제32조제1항에 따른 사용료의 징수업무를 대행하게 할 수 있다.

③ 공항운영자는 항공권을 판매하는 항공운송사업자 등에게 법 제32조제1항에 따른 사용료의 징수업무를 대행하게 할 수 있다.

④ 법 제32조제2항에 따른 사용료 금액의 신고(변경신고를 포함한다)를 하려는 자 또는 승인(변경승인을 포함하다)을 받으려는 자는 별지 제13호서식의 신청서에 다음 각 호의 서류를 첨부하여 국토교통부장관에게 제출하여야 한다. 이 경우 담당 공무원은 「전자정부법」 제36조제1항에 따른 행정정보의 공동이용을 통하여 법인등기사

항증명서(법인인 경우만 해당한다)를 확인하여야 한다.

1. 예상 사업수지계산서

2. 다음 각 목의 사항을 포함한 사용료 요금표

가. 사용료 부과 대상시설

나. 사용료의 종류 및 산정기준

다. 사용료의 징수 방법 및 절차

3. 다음 각 목의 사항을 포함한 사용료 감면 규정

가. 감면대상 사용료의 종류

나. 사용료 감면절차 및 감면비율

4. 변경 사유 및 변경 전의 사업수지계산서(사용료 변경의 경우만 해당한다)

제21조(공항·비행장시설 사용의 휴지·폐지·재개) ① 법 제33조제1항에 따른 공항시설 사용 휴지·폐지의 승인을 받으려는 사업시행자등(국토교통부장관 외의 사업시행자 및 공항시설 또는 비행장시설을 관리·운영하는 자를 말한다. 이하 같다)은 별지 제14호서식의 신청서에 휴지 또는 폐지하려는 공항시설의 내용, 그 사유 및 기간을 적은 서류를 첨부하여 지방항공청장에게 제출하여야 한다. 이 경우 담당 공무원은 「전자정부법」 제36조제1항에 따른 행정정보의 공동이용을 통하여 법인등기사항증명서(신청인이 법인인 경우만 해당한다)를 확인하여야 한다.

② 법 제33조제1항 단서에서 "공항의 운영과 직접적인 관련이 없는 시설 등 국토교통부령으로 정하는 공항시설"이란 다음 각 호의 시설 외의 시설을 말한다.

1. 활주로, 유도로, 계류장, 격납고 등 항공기의 운항과 직접적인 관련이 있는 시설로서 국토교통부장관이 정하여 고시하는 시설

2. 탑승교, 여객·화물터미널 등 여객 또는 화물의 운송과 관련이 있는 시설로서 국토교통부장관이 정하여 고시하는 시설

3. 항행안전시설 등 항공안전 확보와 관련이 있는 시설로서 국토교통부장관이 정하여 고시하는 시설

4. 승강설비, 교통약자 편의시설 등 이용객의 편의를 중대하게 저해하는 이용객 편의시설로서 국토교통부장관이 정하여 고시하는 시설

5. 주차장 등 공항 또는 비행장의 운영 및 관리와 직접적인 관련이 있는 시설로서 국토교통부장관이 정하여 고시하는 시설

③ 법 제33조제2항 전단에 따른 비행장시설 휴지·폐지 신고를 하려는 사업시행자등은 별지 제14호 서식의 신고서에 휴지·폐지하려는 비행장시설의 내용, 그 사유 및 기간을 적은 서류를 첨부하여 지방항공청장에게 제출하여야 한다. 이 경우 담당 공무원은 「전자정부법」 제36조제1항에 따른 행정정보의 공동이용을 통하여 법인등기사항증명서(신청인이 법인인 경우만 해당한다)를 확인하여야 한다.

④ 법 제33조제2항 단서에서 "비행장의 운영과 직접 관련이 없는 시설 등 국토교통부령으로 정하는 비행장시설"이란 제2항 각 호의 시설 외의 비행장시설을 말한다.

⑤ 법 제33조제3항에 따른 공항시설 또는 비행장시설의 사용 재개 승인을 받으려는 사업시행자등은 별지 제14호서식의 신청서에 사용을 재개하려는 시설의 내용, 재개 사유 및 재개 시기를 기재한 서류를 첨부하여 지방항공청장에게 제출하여야 한다. 이 경우 담당 공무원은 「전자정부법」 제36조제1항에 따른 행정정보의 공동이용을 통하여 법인등기사항증명서(신청인이 법인인 경우만 해당한다)를 확인하여야 한다.

⑥ 법 제33조제4항에 따른 공항 또는 비행장 사용의 휴지·폐지 또는 재개에 관한 고시는 다음 각 호의 사항을 고시하는 것으로 한다.

1. 공항 또는 비행장의 명칭 및 위치

2. 사업시행자의 성명(명칭) 및 주소

3. 휴지 또는 폐지의 사유(휴지의 경우에는 휴지개시일 및 그 예정기간을 포함한다)

4. 폐지 또는 재개의 경우에는 그 예정일

제22조(장애물의 설치에 관한 협의) ① 법 제34조제1항제2호에서 "국토교통부령으로 정하는 장애물"이란 다음 각 호에 해당하는 것을 말한다. 〈개정 2023. 10. 19.〉

1. 「건축법」에 따른 가설건축물 및 피뢰설비

2. 건축물 옥상에 설치되어 있는 7미터 미만의 안테나(유사 구조물을 포함한다)

2의2. 「건설기계관리법 시행령」 별표 1 제27호에 따른 타워크레인

3. 삭제 〈2023. 10. 19.〉

4. 삭제 〈2023. 10. 19.〉

5. 레이저광선 발사 장치의 위치, 발사 방향 등 국토교통부장관이 정하여 고시하는 기준에 적합한 레이저광선

6. 별표 6의 장애물의 차폐기준에 적합한 건축물이나 구조물

② 법 제34조제1항제2호에 따라 협의를 하려는 관계 행정기관의 장은 별지 제15호서식의 장애물의 설치에 관한 협의요청서에 다음 각 호의 서류를 첨부하여 국토교통부장관 또는 사업시행자등에게 제출해야 한다. 〈개정 2021. 6. 11., 2023. 10. 19.〉

1. 사업계획서

2. 설계도

③ 제2항에 따른 협의요청서를 받은 국토교통부장관 또는 사업시행자등은 다음 각 호의 구분에 따라 처리해야 한다. 〈개정 2021. 6. 11., 2023. 10. 19.〉

1. 협의대상이 장애물 제한표면의 높이 미만인 경우: 설치할 수 있음을 통지할 것

2. 협의대상이 장애물 제한표면의 높이 이상이고 제1항 각 호의 어느 하나에 해당하지 않는 경우: 설치할 수 없음을 통지할 것

3. 협의대상이 장애물 제한표면의 높이 이상이나 제1항 각 호의 어느 하나에 해당하는 경우: 지방항공청장이 별표 7의 항공기의 비행안전 확인 기준에 따라 검토한 후 다음 각 목의 구분에 따라 통지할 것

가. 검토 결과 항공기의 비행안전에 지장이 없다고 인정하는 경우: 설치할 수 있음을 통지할 것

나. 검토 결과 항공기의 비행안전에 지장이 있다고 인정하는 경우: 설치할 수 없음을 통지할 것

④ 관계 행정기관의 장은 제3항제1호 또는 같은 항 제3호가목에 따른 통지를 받아 건축물 또는 구조물 등을 설치한 경우에는 다음 각 호의 구분에 따른 기한 내에 해당 건축물 또는 구조물 등의 설치·변경 현황을 별지 제16호서식의 현황통보서에 따라 국토교통부장관 또는 사업시행자등에게 통보해야 한다. 〈개정 2021. 6. 11., 2023. 10. 19.〉

1. 공사 개시 후: 5일 이내

2. 준공 또는 사용승인 전: 5일 이내

[제목개정 2023. 10. 19.]

제22조의2(공항시설 또는 비행장시설에 대한 항공기의 안전운항 지장 여부 검토) 국토교통부장관 또는 사업시행자등이 법 제34조제1항제3호에 따라 공항시설 또는 비행장시설에 대하여 항공기의 안전운항 지장 여부를 검토하는 경우 그 검토에 관하여는 제8조의2를 준용한다. 이 경우 "국토교통부장관"은 "국토교통부장관 또는 사업시행자등"으로, "장애물"은 "공항시설 또는 비행장시설"로 본다.

[본조신설 2023. 10. 19.]

제23조(항공학적 검토 기준 및 방법) 법 제34조제1항제5호에서 "국

토교통부령으로 정하는 항공학적 검토 기준 및 방법"이란 별표 8의 검토기준 및 방법을 말한다. 〈개정 2023. 10. 19.〉

제24조(장애물 등의 매수청구 신청서) 영 제36조제2항에서 "국토교통부령으로 정하는 신청서"란 별지 제17호서식의 신청서를 말한다.

제25조(장애물의 현황 관리) 법 제34조제3항에 따른 장애물 관리기준은 다음 각 호와 같다. 〈개정 2023. 10. 19.〉

1. 관할 공항의 장애물 제한표면이 지표면 또는 수면에 수직으로 투영된 구역(이하 "장애물제한구역"이라 한다) 내의 장애물을 관리하고, 매년 1회 관리하는 장애물의 현황을 지방항공청장에게 보고할 것

2. 장애물제한구역 내에서 비행안전에 영향을 주는 장애물에 대해서는 5년마다 정밀측량을 실시하고 그 결과를 지방항공청장에게 보고할 것

제26조(항공학적 검토 전문기관) 법 제34조제4항 전단에서 "국토교통부령으로 정하는 전문기관"이란 다음 각 호의 어느 하나에 해당하는 기관 중에서 국토교통부장관이 지정하여 고시하는 기관을 말한다. 〈개정 2023. 10. 19.〉

1. 「정부출연연구기관 등의 설립·운영 및 육성에 관한 법률」에 따른 연구기관

2. 「과학기술분야 정부출연연구기관 등의 설립·운영 및 육성에 관한 법률」에 따른 연구기관

3. 그 밖에 국토교통부장관이 정하여 고시하는 인력기준을 갖춘 법인

제27조(항공기 비행안전에 관한 결정 신청) ① 법 제34조제4항에 따른 비행안전에 관한 국토교통부장관의 결정을 받으려는 자는 별지 제18호서식의 항공기 비행안전에 관한 결정신청서에 다음 각 호의 서류를 첨부하여 국토교통부장관에게 제출하여야 한다. 〈개정

2023. 10. 19.〉

1. 제26조에 따라 지정·고시한 항공학적 검토 전문기관이 작성한 항공학적 검토 결과보고서

2. 그 밖에 국토교통부장관이 정하여 고시하는 서류

② 국토교통부장관은 법 제34조제1항제5호에 따라 법 제35조에 따른 항공학적 검토위원회의 의결이 있은 날부터 14일 이내에 그 의결결과 및 비행안전에 관한 결정결과를 신청인에게 통보하여야 한다. 〈개정 2023. 10. 19.〉

제28조(항공장애 표시등 및 항공장애 주간표지의 설치 등) ① 법 제36조제1항 본문에서 “국토교통부령으로 정하는 구조물”이란 별표 9의 구조물을 말한다.

② 법 제36조제1항 본문에서 “국토교통부령으로 정하는 항공장애 표시등(이하 "표시등"이라 한다) 및 항공장애 주간(晝間)표지(이하 ”표지“라 한다)의 설치 위치 및 방법 등”이란 별표 10의 기준을 말한다. 〈개정 2018. 2. 9.〉

③ 삭제 〈2018. 2. 9.〉

④ 법 제36조제2항 단서에서 “구조물의 높이가 표시등이 설치된 구조물과 같거나 낮은 구조물 등 국토교통부령으로 정하는 구조물”이란 별표 11의 구조물을 말한다.

⑤ 법 제36조제3항에 따라 같은 조 제1항 및 제2항에 따른 구조물 외의 구조물로서 다음 각 호의 요건을 모두 갖춘 구조물에는 제2항 및 제3항에 따라 표시등 및 표지를 설치하여야 한다.

1. 장애물 제한표면에서 수직으로 지상까지 투영한 구역에 위치한 구조물일 것

2. 장애물 제한표면에 근접한 구조물일 것

3. 항공기의 항행 안전을 해칠 우려가 있는 구조물일 것

제29조(표시등 및 표지의 설치·변경·철거 신고 및 관리) ① 법 제

36조제5항에 따라 표시등 또는 표지 설치 신고를 하려는 자는 별지 제19호서식의 신고서에 다음 각 호의 서류를 첨부하여 지방항공청장에게 제출하여야 한다. 〈개정 2018. 2. 9.〉

1. 표시등 또는 표지의 종류·수량 및 설치위치가 포함된 도면
2. 표시등 또는 표지의 설치사진(전체적 위치를 나타내는 것)
3. 그 밖에 국토교통부장관이 정하여 고시하는 사항

② 법 제36조제6항에 따라 표지등 또는 표지 철거 신고를 하려는 자는 별지 제19호의2서식의 신고서에 표시등 또는 표지의 철거사진을 첨부하여 지방항공청장에게 제출하여야 한다. 〈신설 2018. 2. 9.〉

③ 법 제36조제6항에 따라 표시등 또는 표지 변경 신고를 하려는 자는 별지 제19호의3서식의 신고서에 다음 각 호의 서류를 첨부하여 지방항공청장에게 제출하여야 한다. 〈신설 2018. 2. 9.〉

1. 표시등 또는 표지의 변경 설치 도면
2. 표시등 또는 표지의 변경 설치 사진
3. 그 밖에 국토교통부장관이 정하여 고시하는 서류

④ 법 제36조제7항에 따른 표시등 또는 표지의 관리기준은 별표 12와 같다. 〈개정 2018. 2. 9.〉

⑤ 법 제36조제9항에 따른 표시등 및 표지의 관리실태 검사시기 및 방법 등은 국토교통부장관이 정하여 고시한다. 〈신설 2018. 2. 9.〉

⑥ 법 제36조제13항에 따른 표시등의 종류와 성능 등은 별표 10의 기준에 따른다. 〈신설 2018. 2. 9.〉

[제목개정 2018. 2. 9.]

제30조(공항운영증명의 인가 등) ① 법 제38조제1항에 따른 공항운영증명(이하 "공항운영증명"이라 한다)을 받으려는 공항운영자는 법 제39조제1항에 따른 공항운영규정(이하 "공항운영규정"이라 한다)

인가를 받은 후 별지 제20호서식의 신청서를 국토교통부장관에게 제출하여야 한다. 이 경우 담당 공무원은 「전자정부법」 제36조제1항에 따른 행정정보의 공동이용을 통하여 법인등기사항증명서(신청인이 법인인 경우만 해당한다)를 확인하여야 한다.

② 국토교통부장관은 제1항에 따른 신청서를 제출받은 경우에는 해당 공항의 운영체계가 다음 각 호의 기준 및 규정에 적합한지의 여부를 심사하여 적합하다고 인정되면 별지 제21호서식의 증명서를 발급하여야 한다.

1. 법 제38조제4항에 따른 공항안전운영기준(이하 “공항안전운영기준”이라 한다)

2. 법 제39조제1항에 따라 인가받은 공항운영규정

③ 「군사기지 및 군사시설 보호법」에 따른 비행장을 사용하는 공항에 대하여 공항운영증명을 받으려는 공항운영자는 공항운영이 군 작전에 영향을 주지 아니하도록 하여야 하며, 법 제40조제1항에 따른 공항의 안전운영체계의 유지에 필요한 인력 · 장비 등을 마련하여야 한다.

④ 법 제38조제3항에 따라 공항운영증명 변경인가를 받으려는 공항운영자는 법 제39조제1항에 따른 공항운영규정 변경인가를 받거나 같은 조 제2항에 따른 공항운영규정 변경신고를 한 후 별지 제22호서식의 신청서에 그 공항의 공항운영증명의 변경내용을 확인할 수 있는 다음 각 호의 서류를 첨부하여 국토교통부장관에게 제출하여야 한다. 이 경우 담당 공무원은 「전자정부법」 제36조제1항에 따른 행정정보의 공동이용을 통하여 법인등기사항증명서(신청인이 법인인 경우만 해당한다)를 확인하여야 한다.

1. 국제항공노선 운항여부(국제항공노선 운항의 경우에만 해당하고, 부정기편만 운항하는 공항은 제외한다)를 기재한 서류

2. 신청일 전월의 말일을 기준으로 최근 5년간 평균 연간 운항

횟수를 기재한 서류

3. 해당 공항에 취항하는 항공기의 규모를 기재한 서류

⑤ 국토교통부장관은 제4항에 따른 신청서를 제출받은 경우에는 해당 공항의 운영체계가 다음 각 호의 기준 및 규정에 적합한지의 여부를 심사하여 적합하다고 인정되면 별지 제21호서식의 증명서를 발급하여야 한다.

1. 공항안전운영기준

2. 법 제39조제1항에 따라 변경인가를 받거나 같은 조 제2항에 따라 변경신고를 한 공항운영규정

⑥ 국토교통부장관은 소속공무원 또는 「항공안전법」 제132조제2항에 따라 위촉된 항공안전 전문가로 하여금 제2항 또는 제4항에 따른 심사를 하게 하거나 자문에 응하게 할 수 있다.

제31조(공항운영규정의 수립 인가) ① 법 제39조제1항에 따라 공항운영규정의 인가를 받으려는 공항운영자는 별지 제23호서식의 신청서에 다음 각 호의 서류를 첨부하여 국토교통부장관에게 제출하여야 한다. 이 경우 담당 공무원은 「전자정부법」 제36조제1항에 따른 행정정보의 공동이용을 통하여 법인등기사항증명서(신청인이 법인인 경우만 해당한다)를 확인하여야 한다.

1. 공항운영규정(세부 운영규정을 포함한다) 2부

2. 공항안전운영기준에서 정하는 공항안전운영기준 이행서(Compliance Statement)

3. 항공기의 운항 또는 항공안전에 직접적인 영향을 초래하는 공항시설의 소유 또는 그 권리에 관한 서류

4. 활주로·유도로·계류장 등 항공기의 이륙 및 착륙을 위한 시설의 관리·운영현황(위탁운영 현황을 포함한다)에 관한 서류

5. 공항안전운영기준에서 정하는 필수공항정보 양식

6. 공항안전운영기준에 미달하는 사항이 있는 경우 이를 보완할

수 있는 대체시설 또는 대체운영절차를 적은 서류

② 국토교통부장관은 제1항에 따라 신청서를 제출받은 경우에는 해당 공항의 운영규정이 공항안전운영기준에 적합한지의 여부를 심사하여 적합하다고 인정되면 그 규정을 인가하여야 한다.

③ 국토교통부장관은 제1항제6호에 따른 서류를 제출한 공항운영자에 대해서는 국토교통부장관이 정하여 고시하는 항공장애물 관리 및 비행안전 확인 기준에 따라 검토한 결과에 따라 그 대체시설 또는 대체운영절차로써 공항운영의 안전이 확보될 수 있다고 인정되는 경우에만 제2항에 따른 공항운영규정의 인가를 하여야 한다. 〈개정 2023. 10. 19.〉

④ 공항운영자는 법 제39조제1항에 따라 인가받은 공항운영규정을 이행하기 위하여 필요하면 항공운송사업자·항공기취급업자 등 공항의 운영과 관련된 자에게 관련 서류의 열람이나 제출 등의 협조를 요청할 수 있다. 이 경우 공항운영자로부터 관련 서류의 열람 등에 대한 협조를 요청받은 자는 특별한 사유가 없는 한 그 요청에 따라야 한다.

⑤ 법 제39조제1항에 따른 공항운영규정의 인가에 관한 심사 또는 자문에 대하여는 제30조제6항을 준용한다.

제32조(공항운영규정의 변경) ① 법 제39조제1항에 따라 인가받은 공항운영규정의 변경인가를 받으려는 공항운영자는 별지 제24호서식의 신청서에 다음 각 호의 서류를 첨부하여 국토교통부장관에게 제출하여야 한다. 이 경우 담당 공무원은 「전자정부법」 제36조제1항에 따른 행정정보의 공동이용을 통하여 법인등기사항증명서(신청인이 법인인 경우만 해당한다)를 확인하여야 한다.

1. 변경 내용 및 그 내용을 증명하는 서류
2. 신·구 내용 대비표
3. 공항안전운영기준에 미달하는 사항이 있는 경우 이를 보완할

수 있는 대체시설 또는 대체운영절차를 적은 서류

② 국토교통부장관은 제1항에 따라 신청서를 제출받은 경우에는 공항안전운영기준에 적합한지의 여부를 심사하여 적합하다고 인정되면 그 규정을 인가하여야 한다.

③ 국토교통부장관은 제1항제3호에 따른 서류를 제출한 공항운영자에 대해서는 국토교통부장관이 정하여 고시하는 항공장애물 관리 및 비행안전 확인 기준에 따라 검토한 결과에 따라 그 대체시설 또는 대체운영절차로써 공항운영의 안전이 확보될 수 있다고 인정되는 경우에만 제2항에 따른 공항운영규정의 인가를 하여야 한다. 〈개정 2023. 10. 19.〉

④ 법 제39조제2항에서 “공항운영자의 자체적인 세부 운영규정 등 국토교통부령으로 정하는 경미한 사항”이란 다음 각 호의 사항을 말한다.

1. 세부 운영규정
2. 공항운영규정의 목적과 범위 등 일반 사항
3. 자체 안전점검프로그램
4. 교육훈련프로그램
5. 조직도 등 공항의 행정에 관한 사항

⑤ 법 제39조제2항에 따라 공항운영규정 변경신고를 하려는 공항운영자는 별지 제25호서식의 신고서에 다음 각 호의 서류를 첨부하여 국토교통부장관에게 제출하여야 한다. 이 경우 담당 공무원은 「전자정부법」 제36조제1항에 따른 행정정보의 공동이용을 통하여 법인등기사항증명서(신청인이 법인인 경우만 해당한다)를 확인하여야 한다.

1. 변경 내용 및 그 내용을 증명하는 서류
2. 신ㆍ구 내용 대비표

⑥ 공항운영자는 법 제39조제1항에 따라 변경인가를 받거나 같은

조 제2항에 따라 신고한 공항운영규정을 이행하기 위하여 필요하면 항공운송사업자·항공기취급업자 등 공항의 운영과 관련된 자에게 관련 서류의 열람이나 제출 등의 협조를 요청할 수 있다. 이 경우 공항운영자로부터 관련 서류의 열람 등에 대한 협조를 요청받은 자는 특별한 사유가 없는 한 그 요청에 따라야 한다.

⑦ 법 제39조제1항에 따른 공항운영규정의 변경인가 또는 같은 조 제2항에 따른 변경신고에 관한 심사 또는 자문에 대하여는 제30조제6항을 준용한다.

⑧ 법 제39조제3항에 따라 공항운영규정을 변경하여야 하는 공항운영자는 공항안전운영기준이 변경된 날 또는 국토교통부장관이 공항운영규정의 변경을 명한 날부터 30일 이내에 국토교통부장관에게 공항운영규정의 변경인가를 신청하거나 그 변경한 내용을 제출하여야 한다.

제33조(공항운영의 검사 등) ① 지방항공청장은 법 제40조제1항에 따라 연 1회 정기검사를 실시하되, 필요하면 수시로 검사를 실시할 수 있다.

② 지방항공청장은 법 제40조제2항에 따라 공항운영자에게 시정조치를 명하는 경우에는 시설의 설치기간 등 시정에 필요한 적정한 기간을 주어야 한다.

③ 제2항에 따른 시정조치명령을 받은 공항운영자는 그 명령을 이행하였을 때에는 지체 없이 그 시정내용을 지방항공청장에게 통보하여야 한다.

제34조(공항운영증명의 취소 등) ① 법 제41조제1항제2호라목에서 "안전목표·안전조직 및 안전장애 보고체계 등 국토교통부령으로 정하는 중요 사항"이란 「항공안전법」 제58조제2항 각 호 외의 부분 후단에 따른 사항을 말한다.

② 법 제41조에 따른 공항운영증명의 취소, 공항운영의 정지처분

등의 기준은 별표 13과 같다.

제35조(비행장개발 사업시행자등의 지위승계) 법 제42조에 따라 비행장개발 사업시행자(비행장시설을 관리·운영하는 자를 포함한다)의 지위 승계신고를 하려는 자는 별지 제26호서식의 신고서에 다음 각 호의 서류를 첨부하여 지방항공청장에게 제출하여야 한다. 이 경우 담당 공무원은 「전자정부법」 제36조제1항에 따른 행정정보의 공동이용을 통하여 법인등기사항증명서(신청인이 법인인 경우만 해당한다)를 확인하여야 한다.

1. 승계 원인사실을 증명하는 서류
2. 승계하는 사항과 승계의 조건을 기재한 서류

제36조(항행안전시설 설치허가의 신청 등) ① 법 제43조제2항에 따른 항행안전시설 설치허가를 받으려는 자는 별지 제27호서식의 신청서에 제9조제1항 각 호의 서류를 첨부하여 지방항공청장(항공로용으로 사용되는 항공정보통신시설 및 항행안전무선시설의 경우에는 항공교통본부장을 말한다)에게 제출하여야 한다. 이 경우 담당 공무원은 「전자정부법」 제36조제1항에 따른 행정정보의 공동이용을 통하여 법인등기사항증명서(신청인이 법인인 경우만 해당한다)를 확인하여야 한다.

② 법 제43조제4항에 따른 항행안전시설의 설치기준은 다음 각 호와 같다.

1. 항공등화의 설치기준: 별표 14
2. 항행안전무선시설의 설치기준: 별표 15
3. 항공정보통신시설의 설치기준: 별표 16

제37조(항행안전시설 설치 실시계획 승인신청서 등) ① 법 제44조제2항제4호에서 "국토교통부령으로 정하는 사항"이란 제10조제1항 각 호(제14호는 제외한다)의 사항을 말한다.

② 법 제44조제3항 전단에 따른 항행안전시설 설치 실시계획 승

인을 받으려는 자는 별지 제28호서식의 신청서에 실시계획을 첨부하여 지방항공청장(항공로용으로 사용되는 항공정보통신시설 및 항행안전무선시설의 경우에는 항공교통본부장을 말한다)에게 제출하여야 한다. 이 경우 담당 공무원은 「전자정부법」 제36조제1항에 따른 행정정보의 공동이용을 통하여 법인등기사항증명서(신청인이 법인인 경우만 해당한다)와 지적도를 확인하여야 한다.

③ 법 제44조제3항 후단에 따라 항행안전시설 설치 실시계획 변경승인을 받으려는 자는 별지 제29호서식의 신청서에 다음 각 호의 서류를 첨부하여 지방항공청장(항공로용으로 사용되는 항공정보통신시설 및 항행안전무선시설의 경우에는 항공교통본부장을 말한다)에게 제출하여야 한다. 이 경우 담당 공무원은 「전자정부법」 제36조제1항에 따른 행정정보의 공동이용을 통하여 법인등기사항증명서(신청인이 법인인 경우만 해당한다)와 지적도를 확인하여야 한다.

1. 실시계획
2. 변경사유 및 변경내용을 설명할 수 있는 서류
3. 관계도면(필요한 경우에 한정한다)

④ 법 제44조제4항에서 "구조의 변경을 수반하지 아니하고 안전에 지장이 없는 시설물의 변경 등 국토교통부령으로 정하는 경미한 사항"이란 다음 각 호 어느 하나에 해당하는 것을 말한다.

1. 「건축법 시행령」 제12조제3항 각 호의 어느 하나에 해당하는 변경
2. 5백제곱미터 이하의 범위에서의 사업면적 축소
3. 100분의 10 이하의 범위에서의 총사업비 변경
4. 6개월 이하의 범위에서의 사업시행기간 변경. 다만, 연장하는 사업시행기간에 법 제12조에 따른 토지등의 수용 또는 사용이 필요한 경우는 제외한다.

⑤ 법 제44조제5항에서 "그 항행안전시설의 명칭, 종류, 위치 등

국토교통부령으로 정하는 사항"이란 다음 각 호의 사항을 말한다.

1. 사업의 명칭

2. 사업시행지역의 위치 및 면적

3. 사업시행자의 성명 및 주소(법인인 경우에는 법인의 명칭·주소와 대표자의 성명·주소)

4. 사업의 목적과 규모 등 개요

5. 사업시행기간(착공 및 준공 예정일을 포함한다)

6. 총사업비 및 재원조달계획

7. 수용하거나 사용할 토지등의 소재지·지번·지목 및 면적, 소유권 및 소유권 외의 권리의 명세와 그 소유자 및 권리자의 성명·주소·

8. 그 밖에 필요한 사항

제38조(항행안전시설의 완성검사) ① 법 제45조제1항에 따른 항행안전시설공사의 완성검사를 받으려는 자는 별지 제30호서식의 신청서에 다음 각 호의 서류를 첨부하여 지방항공청장(항공로용으로 사용되는 항공정보통신시설 및 항행안전무선시설의 경우에는 항공교통본부장을 말한다)에게 제출하여야 한다. 이 경우 담당 공무원은 「전자정부법」 제36조제1항에 따른 행정정보의 공동이용을 통하여 법인 등기사항증명서(신청인이 법인인 경우만 해당한다)를 확인하여야 한다.

1. 완성검사조서

2. 준공설계도서(설치허가 신청 시의 설계도서에 변경이 있는 경우만 해당한다)

3. 준공사진

② 법 제45조제3항에 따른 완성검사확인증은 별지 제31호서식과 같다.

③ 법 제45조제4항에서 "항행안전시설의 명칭, 종류, 위치 및 사

용 개시 예정일, 항행안전시설의 운용시간, 운용주파수, 이용상 제한 사항 등 국토교통부령으로 정하는 사항"이란 다음 각 호의 사항을 말한다. 〈개정 2021. 8. 27.〉

1. 항공등화에 관한 다음 각 목의 사항

가. 항공등화의 명칭 · 종류 · 위치 및 사용 개시 예정일

나. 항공등화설치자의 성명 및 주소

다. 등의 규격 · 광도 · 배치 및 그 밖에 항공등화의 성능에 관한 중요 사항

라. 운용시간

마. 그 밖에 항공등화 이용에 관하여 필요한 사항

2. 항행안전무선시설 또는 항공정보통신시설에 관한 다음 각 목의 사항

가. 항행안전무선시설 또는 항공정보통신시설의 명칭 · 종류 · 위치 및 사용 개시 예정일

나. 항행안전무선시설 또는 항공정보통신시설설치자의 성명과 주소

다. 송신주파수

라. 안테나공급전력

마. 코스의 방향

바. 식별부호

사. 정격 도달거리

아. 운용시간

자. 그 밖에 항행안전무선시설 또는 항공정보통신시설 이용에 관하여 필요한 사항

④ 법 제45조제3항에 따라 완성검사확인증을 발급받은 항행안전시설을 사용하려는 자는 별지 제32호서식의 신고서에 사용을 개시하려는 시설의 내용을 기재한 서류를 첨부하여 지방항공청장(항공로

용으로 사용되는 항공정보통신시설 및 항행안전무선시설의 경우에는 항공교통본부장을 말한다)에게 제출하여야 한다. 이 경우 담당 공무원은 「전자정부법」 제36조제1항에 따른 행정정보의 공동이용을 통하여 법인등기사항증명서(신청인이 법인인 경우만 해당한다)를 확인하여야 한다.

제39조(항행안전시설의 변경) ① 법 제46조제1항에서 "국토교통부령으로 정하는 사항"이란 다음 각 호의 사항을 말한다. 〈개정 2021. 6. 11., 2021. 8. 27.〉

1. 항공등화에 관한 다음 각 목의 사항
   가. 등의 규격 또는 광도
   나. 비행장 등화의 배치 및 조합
   다. 운용시간
2. 항행안전무선시설 또는 항공정보통신시설에 관한 다음 각 목의 사항
   가. 정격 도달거리
   나. 코스
   다. 운용시간
   라. 송수신장치의 구조 또는 회로(주파수, 안테나전력, 식별부호, 그 밖에 항행안전무선시설 또는 항공정보통신시설의 전기적 특성에 영향을 주는 경우만 해당한다)
   마. 송수신장치와 전원설비

② 법 제46조제1항에 따른 항행안전시설의 변경허가를 받으려는 자는 별지 제33호서식의 신청서에 다음 각 호의 서류를 첨부하여 지방항공청장(항공로용으로 사용되는 항공정보통신시설 및 항행안전무선시설의 경우에는 항공교통본부장을 말한다)에게 제출하여야 한다.

1. 시설의 변경 내용을 적은 서류

2. 변경되는 시설 관련 도면

3. 변경 사유

③ 제2항에 따라 변경허가 신청을 한 항행안전시설설치자가 해당 시설의 완성검사를 신청하는 경우에는 제38조를 준용한다.

제40조(항행안전시설의 관리) ① 법 제47조제1항에서 "국토교통부령으로 정하는 항행안전시설의 관리·운용 및 사용기준"이란 별표 17의 기준을 말한다. 〈개정 2018. 9. 21.〉

② 법 제47조제4항에 따라 국토교통부장관은 항행안전시설(항공등화는 제외한다. 이하 이 조에서 같다)에 관한 안전관리계획을 마련하여 고시하고 항행안전시설의 설치자 또는 관리자에게 통보하여야 한다.

③ 제2항에 따라 통보를 받은 항행안전시설의 설치자 또는 관리자는 항행안전시설 안전관리계획을 실행하기 위한 시행계획을 마련하고 시행하여야 한다.

제41조(항행안전시설 사용의 휴지·폐지·재개) ① 법 제49조제1항에 따라 항행안전시설 사용의 휴지·폐지 승인을 받으려는 항행안전시설 설치자등(법 제47조제1항에 따른 항행안전시설설치자등을 말한다. 이하 같다)은 별지 제14호서식의 신청서에 휴지 또는 폐지하려는 항행안전시설의 내용, 그 사유 및 기간을 적은 서류를 첨부하여 지방항공청장(항공로용으로 사용되는 항공정보통신시설 및 항행안전무선시설의 경우에는 항공교통본부장을 말한다)에게 제출하여야 한다.

② 법 제49조제2항에 따라 항행안전시설 사용의 재개 승인을 받으려는 항행안전시설설치자등은 별지 제14호서식의 신청서에 사용을 재개하려는 시설의 내용, 재개 사유 및 재개 시기를 기재한 서류를 첨부하여 지방항공청장(항공로용으로 사용되는 항공정보통신시설 및 항행안전무선시설의 경우에는 항공교통본부장을 말한다)에게 제출하여야 한다.

③ 법 제49조제3항에 따른 항행안전시설 사용의 휴지·폐지·재개 고시는 다음 각 호의 사항을 고시하는 것으로 한다.

1. 항행안전시설의 종류 및 명칭
2. 설치자의 성명 및 주소
3. 항행안전시설의 위치와 소재지
4. 휴지의 경우에는 휴지 개시일과 그 기간
5. 폐지 또는 재개의 경우에는 그 예정일

제42조(항행안전시설설치자등의 지위승계) 법 제51조에 따라 항행안전시설설치자등의 지위승계를 신고하려는 자는 별지 제26호서식의 신고서에 다음 각 호의 서류를 첨부하여 지방항공청장(항공로용으로 사용되는 항공정보통신시설 및 항행안전무선시설의 경우에는 항공교통본부장을 말한다)에게 제출하여야 한다. 이 경우 담당 공무원은 「전자정부법」 제36조제1항에 따른 행정정보의 공동이용을 통하여 법인등기사항증명서(신고인이 법인인 경우만 해당한다)를 확인하여야 한다.

1. 승계 원인사실을 증명하는 서류
2. 승계하는 사항과 승계의 조건을 기재한 서류

제43조(항행안전시설 성능적합증명 신청) ① 법 제52조제1항에 따른 항행안전시설 성능적합증명(이하 "성능적합증명"이라 한다)을 받으려는 자는 별지 제34호서식의 신청서에 다음 각 호의 서류를 첨부하여 국토교통부장관에게 제출하여야 한다.

1. 설계도서
2. 부품표
3. 제작된 시설의 성능 확보의 방법 및 절차를 적은 서류
4. 지상·비행성능 시험방법 및 성능시험 결과서
5. 그 밖의 참고사항

② 국토교통부장관은 성능적합증명을 위한 검사 결과가 법 제52

조제1항에 따른 기술기준에 적합하면 별지 제35호서식에 따른 성능적합증명서를 발급하여야 한다.

③ 국토교통부장관은 법 제52조제2항에 따라 성능적합증명 전문검사기관을 지정하려는 경우에는 미리 다음 각 호의 사항을 정하여 고시하여야 한다. 〈개정 2018. 2. 9.〉

1. 검사기관의 지정절차
2. 검사기관의 업무 범위
3. 검사기관의 기술인력 및 시설장비
4. 검사기관에 대한 지도·감독
5. 그 밖에 검사기관의 지정에 관하여 필요한 사항

제44조(항공통신업무의 종류 등) ① 법 제53조제1항에 따라 지방항공청장(항공로용으로 사용되는 항공정보통신시설 및 항행안전무선시설의 경우에는 항공교통본부장을 말한다)이 수행하는 항공통신업무의 종류와 내용은 다음 각 호와 같다.

1. 항공고정통신업무: 특정 지점 사이에 항공고정통신시스템(AFTN/MHS) 또는 항공정보처리시스템(AMHS) 등을 이용하여 항공정보를 제공하거나 교환하는 업무
2. 항공이동통신업무: 항공국과 항공기국 사이에 단파이동통신시설(HF Radio) 등을 이용하여 항공정보를 제공하거나 교환하는 업무
3. 항공무선항행업무: 항행안전무선시설을 이용하여 항공항행에 관한 정보를 제공하는 업무
4. 항공방송업무: 단거리이동통신시설(VHF/UHF Radio) 등을 이용하여 항공항행에 관한 정보를 제공하는 업무

② 제1항에 따른 항공통신업무의 종류별 세부 업무내용과 운영절차 등에 관하여 필요한 사항은 국토교통부장관이 정하여 고시한다.

제45조(검사공무원의 증표) 법 제55조제3항에 따른 증표는 별지 제36호서식과 같다.

제46조(시설출입의 허가 등) 법 제56조제1항에 따른 공항시설·비행장시설의 출입허가를 받으려는 자는 별지 제37호서식의 신청서를 지방항공청장, 항공교통본부장, 사업시행자등 또는 항행안전시설설치자등에게 제출하여야 한다.

제47조(금지행위 등) ① 법 제56조제2항에서 "국토교통부령으로 정하는 공항시설·비행장시설 또는 항행안전시설"이라 함은 다음 각 호의 시설을 말한다.

1. 착륙대, 계류장 및 격납고
2. 항공기 급유시설 및 항공유 저장시설

② 법 제56조제3항에 따른 항행에 위험을 일으킬 우려가 있는 행위는 다음 각 호와 같다. 〈개정 2018. 2. 9.〉

1. 착륙대, 유도로 또는 계류장에 금속편·직물 또는 그 밖의 물건을 방치하는 행위
2. 착륙대·유도로·계류장·격납고 및 사업시행자등이 화기 사용 또는 흡연을 금지한 장소에서 화기를 사용하거나 흡연을 하는 행위
3. 운항 중인 항공기에 장애가 되는 방식으로 항공기나 차량 등을 운행하는 행위
4. 지방항공청장의 승인 없이 레이저광선을 방사하는 행위
5. 지방항공청장의 승인 없이 「항공안전법」 제78조제1항제1호에 따른 관제권에서 불꽃 또는 그 밖의 물건(「총포·도검·화약류 등의 안전관리에 관한 법률 시행규칙」 제4조에 따른 장난감용 꽃불류는 제외한다)을 발사하거나 풍등(風燈)을 날리는 행위
6. 그 밖에 항행의 위험을 일으킬 우려가 있는 행위

③ 국토교통부장관은 제2항제4호에 따른 레이저광선의 방사로부터 항공기 항행의 안전을 확보하기 위하여 다음 각 호의 보호공역을 비행장 주위에 설정하여야 한다.

1. 레이저광선 제한공역

2. 레이저광선 위험공역

3. 레이저광선 민감공역

④ 제3항에 따른 보호공역의 설정기준 및 레이저광선의 허용 출력한계는 별표 18과 같다.

⑤ 제2항제4호 및 제5호에 따른 승인을 받으려는 자는 다음 각 호의 구분에 따른 신청서와 첨부서류를 지방항공청장에게 제출하여야 한다. 이 경우 담당 공무원은 「전자정부법」 제36조제1항에 따른 행정정보의 공동이용을 통하여 법인등기사항증명서(신청인이 법인인 경우만 해당한다)를 확인하여야 한다.

1. 제2항제4호의 경우: 별지 제38호서식의 신청서와 레이저장치 구성 수량 서류(각 장치마다 레이저 장치 구성 설명서를 작성한다)

2. 제2항제5호의 경우: 별지 제39호서식의 신청서

⑥ 법 제56조제5항에 따라 다음 각 호의 구분에 따른 지역에서는 해당 호에 따른 환경이나 시설을 만들거나 설치하여서는 아니 된다.

1. 공항 표점에서 3킬로미터 이내의 범위의 지역: 양돈장 및 과수원 등 국토교통부장관이 정하여 고시하는 환경이나 시설

2. 공항 표점에서 8킬로미터 이내의 범위의 지역: 조류보호구역, 사냥금지구역 및 음식물 쓰레기 처리장 등 국토교통부장관이 정하여 고시하는 환경이나 시설

⑦ 삭제 〈2018. 9. 21.〉

제48조(위반행위에 대한 과태료 부과의 요청 등) 법 제56조제7항에 따른 제지(制止) 또는 퇴거(退去) 명령을 따르지 아니하는 자에 대하여 지방항공청장에게 법 제69조제1항제6호에 따른 과태료의 부과를 요청하려는 공항운영자는 별지 제40호서식의 통보서에 다음 각 호의 자료를 첨부하여 지방항공청장에게 제출하여야 한다.

1. 법 제56조제6항 각 호의 어느 하나에 해당하는 위반행위에 대한 증거자료

2. 법 제56조제7항에 따른 명령 및 그 명령을 따르지 아니한 사실을 기재한 서류

3. 제1호의 위반행위로 피해를 입은 자의 진술서 또는 의견서(해당 사실이 있는 경우만 해당한다)

제48조의2(손실보상금 지급 청구서) 영 제50조의3제1항에서 "국토교통부령으로 정하는 보상금 지급 청구서"란 별지 제41호서식의 보상금 지급 청구서를 말한다.

[본조신설 2024. 8. 14.]

제49조(위반 행위에 대한 처분기준) 법 제58조제3항에 따라 사업시행자 또는 항행안전시설설치자가 법 제58조제1항 각 호를 위반한 경우의 처분기준은 별표 20과 같다.

제50조(수수료의 부과기준) ① 법 제48조에 따라 비행검사를 받으려는 자에대한 법 제60조제1항에 따른 수수료는 별표 21과 같다. 〈개정 2018. 9. 21.〉

② 법 제60조제2항에 따른 여비의 기준은 「공무원 여비 규정」에 따른다. 〈신설 2018. 9. 21.〉

[본조신설 2018. 2. 9.]

제51조(이행강제금 부과 및 징수) 법 제70조제7항에 따른 이행강제금의 부과 및 징수 절차는 「국고금관리법 시행규칙」을 준용한다. 이 경우 납입고지서에는 이의신청방법 및 이의신청기간을 함께 기재하여야 한다.

[본조신설 2018. 2. 9.]

부칙 〈제414호, 2017. 3. 30.〉

제1조(시행일) 이 규칙은 2017년 3월 30일부터 시행한다.

제2조(다른 법령의 폐지) 다음 각 호의 법령은 각각 폐지한다.

1. 수도권신공항건설 촉진법 시행규칙

2. 공항시설관리규칙

제3조(시설물 등의 설치기준 등에 관한 경과조치) 이 규칙 시행 전에 종전의 「항공법 시행규칙」, 「수도권신공항건설 촉진법 시행규칙」 및 「공항시설관리규칙」에 따라 설치된 공항·비행장시설, 항행안전시설 등은 이 규칙에 따라 설치된 것으로 본다.

제4조(다른 법령의 개정) ① 공항소음 방지 및 소음대책지역 지원에 관한 법률 시행규칙 일부를 다음과 같이 개정한다.

제2조제4항 중 "「항공법」 제89조"를 "「공항시설법」 제3조"로 한다.

② 공항에서의 귀빈 예우에 관한 규칙 일부를 다음과 같이 개정한다.

제1조 및 제2조 중 "「항공법」 제2조제7호"를 각각 "「공항시설법」 제2조제3호"로 한다.

③ 국토교통부와 그 소속기관 직제 시행규칙 일부를 다음과 같이 개정한다.

제30조제3항제7호를 "「공항시설법」 제5조에 따른 공항개발기술심의위원회의 구성 및 운영에 관한 사항"으로 하고, 제34조제3항제11호를 다음과 같이 신설 한다.

11. 「공항시설법」 제5조에 따른 공항개발기술심의위원회의 구성 및 운영에 관한 사항

④ 국토의 계획 및 이용에 관한 법률 시행규칙 일부를 다음과 같이 개정한다.

제6조제1항제1호 중 "「항공법 시행령」제140조제3호"를 "「공항시설법 시행령」 제3조제3호"로 한다.

⑤ 도시·군계획시설의 결정·구조 및 설치기준에 관한 규칙 일부를 다음과 같이 개정한다.

제27조제1호 중 "「항공법」 제2조제7호"를 "「공항시설법」 제2조

제3호"로 하고, 같은 조 제2호 중 "「항공법」 제2조제8호"를 "「공항시설법」 제2조제7호"로 하며, 제28조제2항 중 "「항공법」"을 "「공항시설법」"으로 한다.

⑥ 지속가능 교통물류 발전법 시행규칙 일부를 다음과 같이 개정한다.

제8조제2호 중 "「항공법 시행령」 제10조제1호"를 "「공항시설법 시행령」 제3조제1호"로 한다.

⑦ 항공보안법 시행규칙 일부를 다음과 같이 개정한다.

제2조제1호 중 "「항공법」 제75조제2항"을 "「공항시설법」 제6조제2항 또는 제43조제2항"으로 한다.

제5조(다른 법령과의 관계) 이 규칙 시행 당시 다른 법령에서 종전의 「항공법 시행규칙」, 「수도권신공항건설 촉진법 시행규칙」 및 「공항시설관리규칙」과 그 규정을 인용한 경우에 이 규칙 가운데 그에 해당하는 규정이 있으면 종전의 규정을 갈음하여 이 규칙 또는 이 규칙의 해당 규정을 인용한 것으로 본다.

부칙 〈제492호, 2018. 2. 9.〉

제1조(시행일) 이 규칙은 2018년 2월 10일부터 시행한다.

제2조(경미한 개발사업에 관한 적용례) 제9조제4항의 개정규정은 이 규칙 시행 후 개발사업을 시행하는 경우부터 적용한다.

제3조(경미한 사항의 변경에 관한 경과조치) 이 규칙 시행 전에 개발사업에 관한 실시계획의 승인을 받은 자는 제10조제4항의 개정규정에도 불구하고 종전의 규정에 따른다.

부칙 〈제530호, 2018. 6. 27.〉

이 규칙은 2018년 6월 27일부터 시행한다.

부칙 〈제545호, 2018. 9. 21.〉

이 규칙은 공포한 날부터 시행한다.

부칙 〈제618호, 2019. 4. 4.〉

이 규칙은 공포한 날부터 시행한다.

부칙 〈제856호, 2021. 6. 11.〉

이 규칙은 공포한 날부터 시행한다.

부칙 〈제882호, 2021. 8. 27.〉 (어려운 법령용어 정비를 위한 80개 국토교통부령 일부개정령)

이 규칙은 공포한 날부터 시행한다. 〈단서 생략〉

부칙 〈제1108호, 2022. 2. 16.〉

이 규칙은 공포한 날부터 시행한다.

부칙 〈제1118호, 2022. 3. 30.〉 (국민 편의를 높이는 서식 정비를 위한 17개 법령의 일부개정에 관한 국토교통부령)

이 규칙은 공포한 날부터 시행한다.

부칙 〈제1264호, 2023. 10. 19.〉

이 규칙은 공포한 날부터 시행한다.

부칙 〈제1381호, 2024. 8. 14.〉

이 규칙은 공포한 날부터 시행한다.

별표 / 서식

[별표 1] 공항시설 및 비행장 설치기준(제2조, 제3조 및 제16조 관련)
[별표 2] 장애물 제한표면의 기준(제4조 관련)
[별표 3] 항공등화의 종류(제6조 관련)
[별표 4] 공항시설 · 비행장시설 관리기준(제19조제1항 관련)
[별표 4의2] 항공관련업무종사자에 대한 행정처분 기준(제19조의4 관련)
[별표 5] 지방항공청장이 징수하는 사용료의 종류 및 산정기준(제20조제1항 관련)
[별표 5의2] 공항운영자가 징수하는 사용료의 종류 및 산정기준(제20조제1항 관련)
[별표 6] 장애물의 차폐기준(제22조제1항제6호 관련)
[별표 7] 항공기의 비행안전 확인 기준(제22조제3항 관련)
[별표 8] 항공학적 검토 기준 및 방법(제23조 관련)
[별표 9] 표시등 및 표지 설치대상 구조물(제28조제1항 관련)
[별표 10] 표시등 및 표지의 설치기준(제28조제2항)
[별표 11] 표시등 및 표지를 설치하지 아니할 수 있는 구조물(제28조제4항 관련)
[별표 12] 표시등 및 표지의 관리기준(제29조제4항 관련)
[별표 13] 공항운영증명의 취소 등 행정처분기준(제34조제2항)
[별표 14] 항공등화의 설치기준(제36조제2항제1호 관련)
[별표 15] 항행안전무선시설의 설치기준(제36조제2항제2호 관련)
[별표 16] 항공정보통신시설의 설치기준(제36조제2항제3호 관련)
[별표 17] 항행안전시설의 관리기준(제40조제1항 관련)
[별표 18] 레이저광선 비행보호공역의 설정기준 및 허용 출력한계(제47조제4항 관련)
[별표 19] 삭제 〈2018. 9. 21.〉
[별표 20] 위반행위에 대한 처분기준(제49조 관련)

[별표 21] 항행안전시설 비행검사 수수료의 부과기준(제50조 관련)
[별지 제1호서식] 공항개발사업 시행허가 신청서
[별지 제2호서식] 비행장개발사업 시행허가 신청서
[별지 제3호서식] (공항, 비행장) 개발사업 실시계획 승인신청서
[별지 제4호서식] (공항개발사업, 비행장개발사업)실시계획 변경승인신청서
[별지 제5호서식] (공항, 비행장)개발예정지역에서의 개발행위 등 신고서
[별지 제6호서식] 토지매수청구서
[별지 제7호서식] 감정평가 비용의 납부고지서(사업시행자 보관용)
[별지 제8호서식] (공사준공, 이착륙장 공사준공)보고서
[별지 제9호서식] 준공확인 증명서, 이착륙장 준공확인 증명서
[별지 제10호서식] (준공확인 전, 이착륙장 준공확인 전) 사용허가 신청서
[별지 제11호서식] 개발사업 투자허가 신청서
[별지 제12호서식] 이착륙장 설치허가 신청서
[별지 제13호서식] (공항시설, 비행장시설, 항행안전시설)사용료의 (신고서, 변경신고서, 승인신청서, 변경승인신청서)
[별지 제14호서식] [(공항시설, 비행장시설, 항행안전시설) 사용(휴지, 폐지, 재개)] 승인신청서, 신고서
[별지 제15호서식] 장애물의 설치에 관한 협의요청서
[별지 제16호서식] 건축물 또는 구조물 등의 설치·변경 현황통보서
[별지 제17호서식] 장애물 등의 매수청구 신청서
[별지 제18호서식] 항공기 비행안전에 관한 결정신청서
[별지 제19호서식] (항공장애 표시등, 항공장애 주간표지) 설치신고서
[별지 제19호의2서식] (항공장애 표시등, 항공장애 주간표지) 철거 신고서

[별지 제19호의3서식] (항공장애 표시등, 항공장애 주간표지) 변경 신고서

[별지 제20호서식] 공항운영증명 신청서

[별지 제21호서식] 공항운영증명서

[별지 제22호서식] 공항운영증명 변경인가 신청서

[별지 제23호서식] 공항운영규정 인가신청서

[별지 제24호서식] 공항운영규정 변경인가 신청서

[별지 제25호서식] 공항운영규정 변경 신고서

[별지 제26호서식] (비행장개발 사업시행자등의, 항행안전시설설치자등의) 지위승계 신고서

[별지 제27호서식] 항행안전시설 설치허가 신청서

[별지 제28호서식] 항행안전시설 설치 실시계획 승인신청서

[별지 제29호서식] 항행안전시설 설치 실시계획 변경승인신청서

[별지 제30호서식] 항행안전시설공사 완성검사 신청서

[별지 제31호서식] 완성검사확인증

[별지 제32호서식] 항행안전시설 사용개시 신고서

[별지 제33호서식] 항행안전시설 변경허가 신청서

[별지 제34호서식] (항행안전무선시설, 항공정보통신시설) 성능적합 증명 신청서

[별지 제35호서식] (항행안전무선시설, 항공정보통신시설) 성능적합 증명서

[별지 제36호서식] 항공안전감독관증

[별지 제37호서식] 공항시설 · 비행장시설 출입허가신청서

[별지 제38호서식] 레이저광선 방사 승인신청서

[별지 제39호서식] 불꽃등의 발사 승인신청서

[별지 제40호서식] 금지행위 위반자 통보서

[별지 제41호서식] 보상금 지급 청구서

대한민국 법령 시리즈 391

공항시설법

법 령 / 시 행 령 / 시 행 규 칙

2025년 12월 5일 인쇄 정가 21,000원
2025년 12월 15일 발행

편 저 편집부
디 자 인 송영미
발 행 인 조준형
발 행 처 해광출판사

http://www.hgbookpub.com
E-mail : munbookcokr@naver.com
주 소 부산광역시 중구 해관로 41-1 (중앙동2가)
전화번호 (051) 253-0001 팩스 (051) 245-1187

등 록 제 2012-000005호

해광출판사에서는 여러분의 소중한 원고와 함께 할 기회를 기다리고 있습니다.
책으로 엮을 원고나 아이디어가 있으신 분들은 이메일 munbookcokr@naver.com
로 책에 대한 간단한 개요와 원고 전체 또는 일부를 연락처와 함께 보내주십시오.

ISBN 979-11-6881-923-8

※ 법령 출처 : 법제처 국가법령정보센터
※ 본 도서는 〈공공데이터 제공 및 이용 활성화에 관한 법률〉을 근거로 출판되었습니다.

해광출판사 대한민국 법령 시리즈

001. 선원법
002. 어선법
003. 선박직원법
004. 해사안전기본법
005. 해양환경관리법
006. 선박의 입항 및 출항등에 관한 법률
007. 학교안전사고예방 및 보상에 관한 법률
008. 종합부동산세법
009. 방위사업법
010. 행정규제기본법
011. 식품산업진흥법
012. 위험물안전관리법
013. 화재의 예방 및 안전관리에 관한 법률
014. 도시가스사업법
015. 실내공기질관리법
016. 지방세법
017. 소득세법
018. 법인세법
019. 도선법
020. 선박안전법
021. 선박법
022. 수산업법
023. 고압가스안전관리법
024. 국민연금법
025. 공동주택관리법
026. 화학물질관리법
027. 어선원 및 어선 재해보상보험법
028. 장기등 이식에 관한 법률
029. 자연재해대책법
030. 공유재산 및 물품 관리법
031. 산업입지 및 개발에 관한 법률
032. 부정경쟁방지 및 영업비밀보호에 관한 법률
033. 금융지주회사법
034. 온실가스 배출권의 할당 및 거래에 관한 법률
035. 건축사법
036. 산림문화휴양에 관한 법률
037. 전기사업법
038. 사립학교법
039. 고등교육법
040. 액화석유가스의 안전관리 및 사업법
041. 선박투자회사법
042. 수산자원관리법
043. 위험물선박운송및저장규칙
044. 선박평형수관리법
045. 주택임대차보호법
046. 상가건물임대차보호법
047. 지방공기업법
048. 승강기안전관리법
049. 수목원·정원의 조성 및 진흥에 관한 법률
050. 민법
051. 치료감호 등에 관한 법률
052. 대부업 등의 등록 및 금융이용자 보호에 관한 법률
053. 사료관리법
054. 무형문화재 보전 및 진흥에 관한 법률
055. 총포·도검·화약류 등의 안전관리에 관한 법률
056. 경찰관직무집행법
057. 시설물의 안전 및 유지관리에 관한 특별법
058. 수산생물질병 관리법
059. 소비자기본법
060. 국제선박등록법
061. 정보통신망 이용촉진 및 정보보호 등에 관한 법률
062. 해운법
063. 농수산물 품질관리법
064. 수산업협동조합법
065. 해외건설촉진법
066. 수상레저안전법
067. 공무원재해보상법
068. 수상에서의 수색·구조 등에 관한 법률
069. 어촌어항법
070. 항만법
071. 항만운송사업법
072. 해양경비법
073. 해양사고의 조사 및 심판에 관한 법률
074. 외국인근로자의 고용 등에 관한 법률
075. 중소기업기본법
076. 자유무역지역의 지정 및 운영에 관한 법률
077. 대기환경보전법
078. 소음진동관리법
079. 폐기물관리법
080. 하수도법
081. 물환경보전법
082. 토양환경보전법
083. 환경정책기본법
084. 산업재해보상보험법
085. 관세법
086. 노동조합 및 노동관계조정법
087. 근로기준법
088. 군인연금법
089. 먹는물관리법
090. 기술보증기금법
091. 관광진흥법
092. 감염병의 예방 및 관리에 관한 법률
093. 사법경찰관리의 직무를 수행할 자와 그 직무범위에 관한 법률
094. 수의사법
095. 가정폭력방지 및 피해자보호 등에 관한 법률
096. 환경영향평가법
097. 체육시설의 설치 · 이용에 관한 법률
098. 장사 등에 관한 법률
099. 상호저축은행법
100. 은행법
101. 보호관찰 등에 관한 법률
102. 형법
103. 자동차관리법
104. 형사소송법
105. 전자금융거래법
106. 마약류 불법거래 방지에 관한 특례법
107. 도로법
108. 주세법
109. 변리사법
110. 하천법
111. 중소기업진흥에 관한 법률
112. 발달장애인 권리보장 및 지원에 관한 법률
113. 주택법
114. 장애인복지법
115. 농어업경영체 육성 및 지원에 관한 법률
116. 공인중개사법
117. 건강기능식품에 관한 법률
118. 예비군법
119. 개발제한구역의 지정 및 관리에 관한 특별조치법
120. 국유재산법
121. 주차장법
122. 환경기술 및 환경산업 지원법
123. 대기관리권역의 대기환경개선에 관한 특별법
124. 악취방지법
125. 미세먼지 저감 및 관리에 관한 특별법
126. 가축분뇨의 관리 및 이용에 관한 법률
127. 물의 재이용 촉진 및 지원에 관한 법률
128. 물관리기본법
129. 물관리기술 발전 및 물산업 진흥에 관한 법률
130. 자원의 절약과 재활용촉진에 관한 법률
131. 전기 · 전자제품 및 자동차의 자원순환에 관한 법률
132. 건설폐기물의 재활용촉진에 관한 법률
133. 수도권매립지관리공사의 설립 및 운영 등에 관한 법률
134. 폐기물의 국가 간 이동 및 그 처리에 관한 법률
135. 폐기물처리시설 설치촉진 및 주변지역지원 등에 관한 법률
136. 자원순환기본법
137. 잔류성오염물질 관리법
138. 환경분쟁 조정법

해광출판사 대한민국 법령 시리즈

139. 화학물질의 등록 및 평가 등에 관한 법률
140. 환경오염시설의 통합관리에 관한 법률
141. 환경오염피해 배상책임 및 구제에 관한 법률
142. 중소기업제품 구매촉진 및 판로지원에 관한 법률
143. 환경개선비용 부담법
144. 환경분야 시험·검사 등에 관한 법률
145. 환경친화적 산업구조로의 전환촉진에 관한 법률
146. 환경친화적 자동차의 개발 및 보급 촉진에 관한 법률
147. 환경범죄 등의 단속 및 가중처벌에 관한 법률
148. 생명윤리 및 안전에 관한 법률
149. 장애인차별금지 및 권리구제 등에 관한 법률
150. 부동산투자회사법
151. 정치자금법
152. 과학기술기본법
153. 대리점거래의 공정화에 관한 법률
154. 상속세 및 증여세법
155. 학원의 설립 · 운영 및 과외교습에 관한 법률
156. 해양심층수의 개발 및 관리에 관한 법률
157. 전기용품 및 생활용품 안전관리법
158. 사회기반시설에 대한 민간투자법
159. 공직선거법
160. 정당법
161. 유류오염손해배상 보장법
162. 부정청탁 및 금품등 수수의 금지에 관한 법률
163. 항로표지법
164. 어장관리법
165. 민방위기본법
166. 공직자윤리법
167. 선거관리위원회법
168. 유선 및 도선 사업법
169. 전기공사업법
170. 사회복지사업법
171. 택지개발촉진법
172. 국가공무원법
173. 민간임대주택에 관한 특별법
174. 어음법·수표법
175. 민사집행법
176. 상법
177. 문화예술진흥법
178. 중소기업협동조합법
179. 농업협동조합법
180. 도로교통법
181. 의료사고 피해구제 및 의료분쟁 조정 등에 관한 법률
182. 산림보호법
183. 소년법
184. 동물보호법
185. 건축물관리법
186. 도시개발법
187. 화물자동차 운수사업법
188. 도시 및 주거환경정비법
189. 의료법
190. 국회법
191. 응급의료에 관한 법률
192. 출입국관리법
193. 노인복지법
194. 산림자원의 조성 및 관리에 관한 법률
195. 청소년 보호법
196. 초 · 중등교육법
197. 혁신도시 조성 및 발전에 관한 특별법
198. 경제자유구역의 지정 및 운영에 관한 특별법
199. 공공기관의 운영에 관한 법률
200. 대한민국헌법
201. 국민기초생활 보장법
202. 저작권법
203. 가사소송법
204. 국가유공자 등 예우 및 지원에 관한 법률
205. 국민체육진흥법
206. 전통주 등의 산업진흥에 관한 법률
207. 재난 및 안전관리 기본법
208. 정보통신공사업법
209. 주식회사 등의 외부감사에 관한 법률
210. 공익사업을 위한 토지 등의 취득 및 보상에 관한 법률
211. 개인정보 보호법
212. 국세기본법
213. 에너지이용 합리화법
214. 감정평가 및 감정평가사에 관한 법률
215. 국가인권위원회법
216. 가맹사업거래의 공정화에 관한 법률
217. 보건의료기본법
218. 산업안전보건법
219. 법무사법
220. 교육공무원법
221. 특허법
222. 민사소송법
223. 아동복지법
224. 전파법
225. 하도급거래 공정화에 관한 법률
226. 기초연금법
227. 사립학교교직원 연금법
228. 직업안정법
229. 장애아동 복지지원법
230. 부동산등기법
231. 자동차손해배상 보장법
232. 철도안전법
233. 항공안전법
234. 전자상거래 등에서의 소비자보호에 관한 법률
235. 독점규제 및 공정거래에 관한 법률
236. 상표법
237. 채무자 회생 및 파산에 관한 법률
238. 공무원연금법
239. 축산법
240. 근로복지기본법
241. 민원 처리에 관한 법률
242. 약사법
243. 방문판매 등에 관한 법률
244. 건축기본법
245. 지방세기본법
246. 지방세징수법
247. 지방자치법
248. 도시교통정비 촉진법
249. 공공주택 특별법
250. 국세징수법
251. 공인노무사법
252. 중대재해 처벌 등에 관한 법률
253. 외무공무원법
254. 소방시설공사업법
255. 검역법
256. 공중위생관리법
257. 할부거래에 관한 법률
258. 인터넷 멀티미디어 방송사업법
259. 전기통신사업법
260. 제품안전기본법
261. 철도사업법
262. 어린이제품 안전 특별법
263. 영유아보육법
264. 원자력안전법
265. 보험업법
266. 경비업법
267. 교통안전법
268. 세무사법
269. 관세사법
270. 공인회계사법
271. 지방공무원법
272. 고용정책 기본법
273. 국가경찰과 자치경찰의 조직 및 운영에 관한 법률
274. 협동조합 기본법
275. 재해구호법
276. 환경보건법

해광출판사 대한민국 법령 시리즈

277. 자살예방 및 생명존중문화 조성을 위한 법률
278. 소방산업의 진흥에 관한 법률
279. 소방기본법
280. 비송사건절차법
281. 자연환경보전법
282. 변호사법
283. 기업구조조정투자회사법
284. 전기통신기본법
285. 에너지법
286. 해양생태계의 보전 및 관리에 관한 법률
287. 사회보장기본법
288. 통신비밀보호법
289. 공증인법
290. 물류시설의 개발 및 운영에 관한 법률
291. 청소년활동 진흥법
292. 형의 집행 및 수용자의 처우에 관한 법률
293. 도시공원 및 녹지 등에 관한 법률
294. 태권도 진흥 및 태권도공원 조성 등에 관한 법률
295. 녹색건축물 조성 지원법
296. 우편법
297. 예금자보호법
298. 건설산업기본법
299. 금융회사의 지배구조에 관한 법률
300. 장애인활동 지원에 관한 법률
301. 언론중재 및 피해구제 등에 관한 법률
302. 국가재정법
303. 농지법
304. 게임산업진흥에 관한 법률
305. 정신건강증진 및 정신질환자 복지서비스 지원에 관한 법률
306. 디자인보호법
307. 의료기사 등에 관한 법률
308. 스마트도시 조성 및 산업진흥 등에 관한 법률
309. 내수면어업법
310. 한국주택금융공사법
311. 의료기기법
312. 유통산업발전법
313. 전통시장 및 상점가 육성을 위한 특별법
314. 여신전문금융업법
315. 해외자원개발 사업법
316. 산업교육진흥 및 산학연협력촉진에 관한 법률
317. 빈집 및 소규모주택 정비에 관한 특례법
318. 기업도시개발 특별법
319. 전력기술관리법
320. 국토기본법
321. 지하수법
322. 식품위생법
323. 광업법
324. 호스피스·완화의료 및 임종과정에 있는 환자의 연명의료결정에 관한 법률
325. 주식·사채 등의 전자등록에 관한 법률
326. 표시·광고의 공정화에 관한 법률
327. 골재채취법
328. 국민건강증진법
329. 새마을금고법
330. 여객자동차 운수사업법
331. 마리나항만의 조성 및 관리 등에 관한 법률
332. 한부모가족지원법
333. 국가를 당사자로 하는 계약에 관한 법률
334. 지방자치단체를 당사자로 하는 계약에 관한 법률
335. 축산물 위생관리법
336. 병역법
337. 음악산업진흥에 관한 법률
338. 국가균형발전 특별법
339. 첨단재생의료 및 첨단바이오의약품 안전 및 지원에 관한 법률
340. 공간정보의 구축 및 관리 등에 관한 법률
341. 공유수면 관리 및 매립에 관한 법률
342. 농수산물 유통 및 가격안정에 관한 법률
343. 아시아문화중심도시 조성에 관한 특별법
344. 신탁법
345. 자연공원법
346. 생활화학제품 및 살생물제의 안전관리에 관한 법률
347. 군인사법
348. 국제조세조정에 관한 법률
349. 낙동강수계 물관리 및 주민지원 등에 관한 법률
350. 주민등록법
351. 집합건물의 소유 및 관리에 관한 법률
352. 집단에너지사업법
353. 산림조합법
354. 반도체집적회로의 배치설계에 관한 법률
355. 자본시장과 금융투자업에 관한 법률
356. 담보부사채신탁법
357. 근로자퇴직급여 보장법
358. 국제과학비즈니스벨트 조성 및 지원에 관한 특별법
359. 수도법
360. 식품 등의 표시·광고에 관한 법률
361. 약관의 규제에 관한 법률
362. 인삼산업법
363. 종자산업법
364. 항공사업법
365. 건설기계관리법
366. 군형법
367. 궤도운송법
368. 기술의 이전 및 사업화 촉진에 관한 법률
369. 농수산물의 원산지 표시 등에 관한 법률
370. 담배사업법
371. 석유 및 석유대체연료 사업법
372. 가축전염병 예방법
373. 농어촌정비법
374. 식물신품종 보호법
375. 항공보안법
376. 중소기업창업 지원법
377. 군사법원법
378. 우주개발 진흥법
379. 해저광물자원 개발법
380. 산림복지 진흥에 관한 법률
381. 지능형 로봇 개발 및 보급 촉진법
382. 헌법재판소법
383. 옥외광고물 등의 관리와 옥외광고산업 진흥에 관한 법률
384. 혈액관리법
385. 국제항해선박 등에 대한 해적행위 피해예방에 관한 법률
386. 유료도로법
387. 독립유공자예우에 관한 법률
388. 신에너지 및 재생에너지 개발·이용·보급 촉진법
389. 신용정보의 이용 및 보호에 관한 법률
390. 출판문화산업 진흥법
391. 공항시설법
392. 국민 평생 직업능력 개발법
393. 아동·청소년의 성보호에 관한 법률
394. 방송법쉬
395. 신용보증기금법
396. 화장품법
397. 청소년 기본법
398. 인터넷주소자원에 관한 법률
399. 양곡관리법
400. 도로명주소법
401. 전자문서 및 전자거래 기본법
402. 산업기술의 유출방지 및 보호에 관한 법률
403. 국가기술자격법
404. 양식산업발전법
405. 산업기술혁신 촉진법
406. 새만금사업 추진 및 지원에 관한 특별법
407. 전자정부법
408. 지역 개발 및 지원에 관한 법률
409. 한국농어촌공사 및 농지관리기금법
410. 계량에 관한 법률
411. 기업활동 규제완화에 관한 특별조치법
412. 군에서의 형의 집행 및 군수용자의 처우에 관한 법률

해광출판사 대한민국 법령 시리즈

413. 규제자유특구 및 지역특화발전특구에 관한 규제특례법
414. 금융위원회의 설치 등에 관한 법률
415. 남녀고용평등과 일·가정 양립 지원에 관한 법률
416. 농어업인 삶의 질 향상 및 농어촌지역 개발촉진에 관한 특별법
417. 댐건설·관리 및 주변지역지원 등에 관한 법률
418. 국가유산수리 등에 관한 법률
419. 법원조직법
420. 보훈보상대상자 지원에 관한 법률
421. 부패방지 및 국민권익위원회의 설치와 운영에 관한 법률
422. 과학기술분야 정부출연연구기관 등의 설립·운영 및 육성에 관한 법률
423. 연구개발특구의 육성에 관한 특별법
424. 친환경농어업 육성 및 유기식품 등의 관리·지원에 관한 법률
425. 연안관리법
426. 영화 및 비디오물의 진흥에 관한 법률
427. 신용협동조합법
428. 방송통신발전 기본법
429. 범죄피해자 보호법
430. 가축 및 축산물 이력관리에 관한 법률
431. 국가표준기본법
432. 국가통합교통체계효율화법
433. 범죄인 인도법
434. 국가과학기술 경쟁력 강화를 위한 이공계지원 특별법
435. 국제경기대회 지원법
436. 금융혁신지원 특별법
437. 수자원의 조사·계획 및 관리에 관한 법률
438. 축산자조금의 조성 및 운용에 관한 법률
439. 소방시설 설치 및 관리에 관한 법률
440. 양성평등기본법
441. 축산계열화사업에 관한 법률
442. 수입식품안전관리 특별법
443. 대외무역법
444. 국가연구개발사업 등의 성과평가 및 성과관리에 관한 법률
445. 무역보험법
446. 기술사법
447. 광산안전법
448. 농약관리법
449. 농업·농촌 및 식품산업 기본법
450. 문화산업진흥 기본법
451. 부담금관리 기본법
452. 야생생물 보호 및 관리에 관한 법률
453. 한국은행법
454. 별정우체국법
455. 원양산업발전법
456. 콘텐츠산업 진흥법
457. 한국수출입은행법
458. 외국인투자 촉진법
459. 물류정책기본법
460. 전자서명법
461. 산업발전법
462. 산업표준화법
463. 소프트웨어 진흥법
464. 토지이용규제 기본법
465. 해수욕장의 이용 및 관리에 관한 법률
466. 정보통신 진흥 및 융합 활성화 등에 관한 특별법
467. 정보통신산업 진흥법
468. 지진·화산재해대책법
469. 소금산업진흥법
470. 위치정보의 보호 및 이용 등에 관한 법률
471. 외국법자문사법
472. 이러닝(전자학습)산업 발전 및 이러닝 활용 촉진에 관한 법률
473. 암관리법
474. 실용신안법
475. 가족관계의 등록 등에 관한 법률
476. 무인도서의 보전 및 관리에 관한 법률
477. 감사원법
478. 정보보호산업의 진흥에 관한 법률
479. 결혼중개업의 관리에 관한 법률
480. 공익신고자 보호법
481. 박물관 및 미술관 진흥법
482. 낚시 관리 및 육성법
483. 동산·채권 등의 담보에 관한 법률
484. 임금채권보장법
485. 국민투표법
486. 농림수산업자 신용보증법
487. 국가채권 관리법
488. 중소기업은행법
489. 식품안전기본법
490. 외국환거래법
491. 발명진흥법
492. 건설기술 진흥법
493. 기후위기 대응을 위한 탄소중립·녹색성장 기본법
494. 인체조직안전 및 관리 등에 관한 법률
495. 엔지니어링산업 진흥법
496. 신문 등의 진흥에 관한 법률
497. 식물방역법
498. 석탄산업법
499. 산업융합 촉진법
500. 비료관리법
501. 임업 및 산촌 진흥촉진에 관한 법률
502. 복권 및 복권기금법
503. 대규모유통업에서의 거래 공정화에 관한 법률
504. 뉴스통신 진흥에 관한 법률
505. 지능정보화 기본법
506. 자격기본법
507. 중소기업 기술혁신 촉진법
508. 국가공간정보 기본법
509. 농어업재해대책법
510. 방송광고판매대행 등에 관한 법률
511. 지식재산 기본법
512. 초고층 및 지하연계 복합건축물 재난관리에 관한 특별법
513. 해양 조사와 해양정보 활용에 관한 법률
514. 공간정보산업 진흥법
515. 공공기관의 정보공개에 관한 법률
516. 행정기본법
517. 해상교통안전법
518. 농어업재해보험법
519. 문화유산의 보존 및 활용에 관한 법률
520. 자연유산의 보존 및 활용에 관한 법률
521. 국토의 계획 및 이용에 관한 법률
522. 건축법
523. 국민건강보험법
524. 계엄법
525. 환경친화적 선박의 개발 및 보급 촉진에 관한 법률
526. 해양폐기물 및 해양오염퇴적물 관리법
527. 연안사고 예방에 관한 법률
528. 전기안전관리법
529. 의약품 등의 안전에 관한 규칙
530. 공공보건의료에 관한 법률
531. 군보건의료에 관한 법률
532. 농어촌 등 보건의료를 위한 특별조치법
533. 보호소년 등의 처우에 관한 법률
534. 국가를 당사자로 하는 소송에 관한 법률
535. 간호법
536. 국립묘지의 설치 및 운영에 관한 법률
537. 주류 면허 등에 관한 법률
538. 부가가치세법
539. 자율운항선박 개발 및 상용화 촉진에 관한 법률

*** 해광출판사의 법령 시리즈는 계속 발행 됩니다.**
**** 각 도서의 개정판은 인쇄일을 기준으로 제작 되었습니다.**